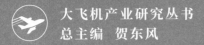

大飞机产业研究丛书

总主编 贺东风

独特的产业

美国大飞机产业政策研究

Industrial Policy and Trade
Management in the Commercial
Aircraft Industry

【美】劳拉·丹德烈亚·泰森 / 著
（Laura D'Andrea Tyson）

【美】陈佩修 / 著
（Pei-Hsiung Chin）

罗 继 业
韩 一 畅 / 等译

上海交通大学出版社
SHANGHAI JIAO TONG UNIVERSITY PRESS

内容提要

本书节选自彼得森国际经济研究所于 1992 年 11 月出版的《鹿死谁手——高技术产业中的贸易冲突》一书。该书对商用飞机产业的战略意义、主要特点和发展规律进行了分析，着重强调了该产业存在显著的规模经济性、范围经济性和学习经济性，而且市场规模非常有限，导致市场竞争异常激烈，提出国家层面需要出台有效的政策对产业发展进行干预。本书对了解美国贸易政策，特别是国家政策在商用飞机产业发挥的作用具有探索意义，对美国贸易政策感兴趣的读者可作参考。

图书在版编目（CIP）数据

独特的产业：美国大飞机产业政策研究／（美）劳拉·丹德烈亚·泰森，（美）陈佩修著；罗继业等译.
上海：上海交通大学出版社，2024.12 --（大飞机产业研究丛书）. -- ISBN 978 - 7 - 313 - 31883 - 1

Ⅰ. F471.165

中国国家版本馆 CIP 数据核字第 2024SG0197 号

独特的产业：美国大飞机产业政策研究
DUTE DE CHANYE: MEIGUO DAFEIJI CHANYE ZHENGCE YANJIU

著　　者：[美]劳拉·丹德烈亚·泰森(Laura D'Andrea Tyson)　[美]陈佩修(Pei-Hsiung Chin)	译　　者：罗继业　韩一畅 等
出版发行：上海交通大学出版社	地　　址：上海市番禺路 951 号
邮政编码：200030	电　　话：021 - 64071208
印　　制：上海万卷印刷股份有限公司	经　　销：全国新华书店
开　　本：710 mm×1000 mm　1/ 16	印　　张：7.25
字　　数：88 千字	
版　　次：2024 年 12 月第 1 版	印　　次：2024 年 12 月第 1 次印刷
书　　号：ISBN 978 - 7 - 313 - 31883 - 1	
定　　价：39.00 元	

丛书编委会

学术顾问　余永定　　林忠钦　　路　风

总　主　编　贺东风

编　　委　张　军　　王蒙蒙　　张新苗　　张小光

　　　　　　罗继业　　彭英杰　　王　翾　　黄垚翀

　　　　　　阎　超　　孔子成　　王　璠　　殷　瑛

　　　　　　李拥军　　黄祖欢　　孙志山　　童　悦

　　　　　　屠方楠　　何畏霖　　刘美臣

译审团队

罗继业　韩一畅　彭英杰　王　翾
黄垚翀　高　丹　柳宝卿

总　序

　　飞翔是人类共同的梦想。从中国神话的列子御风、古希腊神话的伊卡洛斯飞天，到圣本笃修会僧人艾尔默的翅膀、明朝万户的火箭，人类始终未能挣脱地面的束缚。20 世纪初，美国莱特兄弟驾驶自己制造的飞行者 1 号飞上天空，第一次实现了重于空气的动力飞行器可操纵、可持续飞行，人类文明一举迈入航空时代。从两次世界大战期间军用飞机大爆发，到和平年代商用飞机大发展，全球航空产业历经百年演进，孕育出大型客机（以下简称"大飞机①"）这一人类工业的皇冠。

　　大飞机的发展，是一部追逐梦想的不懈奋斗史。

　　几个世纪以来，无数科学家、梦想家、实践家用智慧、奋斗、奉献、冒险、牺牲铺就了人类飞天之路。从第一个开展飞行科学研究的达·芬奇，到开创流体动力学的丹尼尔·伯努利，从提出现代飞机布局思想的乔治·凯利，到首次将内燃机作为飞机动力的塞缪尔·兰利，经过前赴

---

　　①　大飞机这一术语并没有严格的定义。在本丛书中，学者们用到了商用飞机、民用飞机、大飞机等术语，商用飞机、民用飞机往往是相对于军用飞机而言的，民用飞机的概念相对宽泛，不仅包括航空公司用于商业运营的商用飞机，而且包括各种小型的民用飞机。大飞机一般指 100 座以上特别是 150 座以上的喷气式商用飞机。

后继的探索，经过两次工业革命的积淀，到 20 世纪初，飞机已经呼之欲出。继莱特兄弟之后，巴西的杜蒙、法国的布莱里奥、加拿大的麦克迪、中国的冯如、俄国的西科斯基，先后驾驶飞机飞上蓝天，将梦想变为现实。

百年来，从科学家、工程师到企业家，大飞机行业群星璀璨，英雄辈出。英国德·哈维兰研制了全球首款喷气客机，将民用航空带入喷气时代。美国比尔·艾伦领导波音公司推出波音 707、727、737、747 系列喷气客机，奠定了波音大飞机的霸主地位。法国伯纳德·齐格勒应用数字电传操纵和侧杆技术打造空客公司最畅销的机型 A320，奠定空客崛起的坚实基础。苏联图波列夫研发世界首款超声速客机图－144，安东诺夫推出世界上载重量最大、飞行距离最长的安－225 超重型运输机，创造了苏联民用航空的黄金时代。

大飞机的发展，是一部波澜壮阔的科技创新史。

天空没有边界，飞机的发展就永无止境。战争年代的空天对抗、和平年代的市场竞争，催动大飞机集科学技术之大成，将更快、更远、更安全、更舒适、更经济、更环保作为始终追求的目标，不断挑战工程技术的极限。飞机问世不久，很多国家就相继成立航空科学研究机构，科学理论探索、应用技术研究、工程设计实践、产品市场应用的紧密结合，使得飞机的面貌日新月异。

从双翼机到单翼机，飞机的"体态"愈加灵活；从木布、金属材料到复合材料，飞机的"骨骼"愈加轻盈；从传统仪表驾驶舱到大屏幕玻璃驾驶舱，飞机的"眼睛"愈加清晰；航空电子从分散连接到一体化高度集成，飞机的"大脑"愈加高效；飞行控制从机械液压到电传操纵，飞机的"肌肉神经"愈加敏锐；发动机从活塞式到涡喷式再到大涵道比、高推力的涡扇式，使人类的足迹从对流层拓展至平流层。现代经济高效、安全舒适的大飞机横空出世，承载着人类成群结队地展翅于蓝天之上，深刻改变了人类交通出行的方式,创造出繁荣的全球民用航空运输市场。

大飞机的发展,是一部追求极限的安全提升史。

安全是民用航空的生命线,"不让事故重演"是这个行业的基本准则。据不完全统计,20 世纪 50 年代以来,全球民用航空发生九千余起事故,其中致命事故近两千起,造成六万余人遇难。事故无论大小,民用航空都会进行充分的调查、彻底的反思,一次次的浴火重生,换来一系列持续扩充、高度复杂、极为严苛、十分宝贵的适航条例,让大飞机成为世界上最安全的交通工具。今天,世界民用航空百万小时重大事故率低于 1,相当于人的自然死亡率,远远低于其他交通工具,但仍然不是零,因此,确保安全永远在路上。

适航性①是大飞机的基本属性,不符合适航条例要求、没有获得适航认证的飞机,不允许进入市场。美国是世界上第一个拥有系统适航条例和严格适航管理的国家,美国联邦航空管理局(FAA)历史悠久,经验丰富,其强大的适航审定能力是美国大飞机成功的关键因素之一。1990 年,欧洲国家组建联合航空局(JAA),后发展为欧洲航空安全局(EASA),统一管理欧洲航空事务,力促欧盟航空业的发展,为空客的崛起发挥了重要的支撑保障作用。我国自 20 世纪 80 年代以来,已逐步建立完备的适航体系,覆盖了从适航法规、航空营运到事故调查等民用航空的方方面面。今天,适航条例标准不断提升、体系日益复杂,不仅维护着飞行安全,也成为一种极高的技术壁垒,将民用航空显著区别于军用航空。

大飞机的发展,是一部激烈竞争的市场争夺史。

大飞机产品高度复杂,具有显著的规模经济性、范围经济性和学习经济性,促使飞机制造商努力扩大规模、降低成本。虽然大飞机的单价

---

① 适航性,指航空器能在预期的环境中安全飞行(包括起飞和着陆)的固有品质,这种品质可以通过合适的维修而持续保持。

高,但全球市场容量较为有限,相比智能手机年交付上十亿台、小汽车年交付上千万辆,大飞机年交付仅两千架左右,不可能像汽车、家电等行业容纳较多的寡头企业。大飞机的国际贸易成为典型的战略性贸易,各国飞机制造商纷纷以客户为中心、以技术为手段、以产业政策为支撑,在每个细分市场激烈角逐,谋求占据更大的国际市场份额。很多研制成功的机型没能通过市场的考验,而一款机型的失利,却可能将一家飞机制造商带向死亡的深渊。

20世纪50年代,波音707力压道格拉斯DC-8,打破了道格拉斯在客机市场近30年的垄断。60年代,波音747、麦道DC-10和洛克希德L-1011争雄,L-1011不敌,洛克希德退出客机市场。70年代,欧洲联合推出A300,在可观的财政补贴下,逐步站稳脚跟,空客公司成为大飞机领域的二号玩家。80年代,空客推出A320,与波音737缠斗数十年,而麦道MD-80/90在竞争中落败,导致企业于90年代被波音公司兼并。进入21世纪,加拿大庞巴迪力图进军大飞机领域,曲折艰难地推出C系列飞机并获得达美航空75架订单,引发波音公司诉讼而止步美国市场,遂将C系列出售给空客公司,彻底退出商用飞机领域。

大飞机的发展,是一部全球协作的产业变迁史。

早期的客机,技术相对简单、成本相对较低,有着众多的厂商。伴随着喷气飞机的出现,产业集中度快速提升。美国的马丁、洛克希德、康维尔、道格拉斯等一大批飞机制造商在激烈的厮杀中一一退出,最终仅波音公司一家存活。欧洲曾经孕育了一大批飞机制造商,如德·哈维兰、英宇航、达索、法宇航、福克、道尼尔等,最终或退出市场,或并入空客公司。今天,全球大飞机产业形成了波音、空客双寡头垄断格局,波音覆盖150～450座,空客覆盖100～500座,两家公司围绕全产品谱系展开竞争。在两大飞机制造商的牵引下,北美和欧洲形成两个大飞机产业集群。

在产业格局趋于垄断的同时，大飞机的全球分工也在不断深化。出于降低成本、分担风险以及争夺市场等方面的考虑，飞机制造商在全球化的时代浪潮下，通过不断加大业务分包的比例，建立和深化跨国联盟合作，形成飞机制造商—供应商—次级供应商的"金字塔"产业格局，将企业的边界外延到全球，从而利用全球的科技、工业、人才和市场资源。在此过程中，新兴经济体通过分工进入产业链的低端后，不断尝试挑战旧秩序，逆势向飞机制造商的角色发起了一次次冲锋。然而无论是采取集成全球资源、直接研制飞机的赶超战略，还是选择成为既有飞机制造商的供应商、切入产业链后伺机谋求发展的升级战略，以塑造一家有竞争力的飞机制造商的目标来衡量，目前成功者依然寥寥。

大飞机研制投入大、回报周期长、产品价值高、技术扩散率高、产品辐射面宽、产业带动性强，是典型的战略性高技术产业。半个多世纪以来，各国学者围绕大飞机产业的发展，形成了琳琅满目、浩如烟海的研究成果，涉及大飞机产业发展历程、特点规律、战略路径、政策效果等方方面面，不仅凝聚了从大量失败案例中积累的惨痛教训，也指引着通往成功的蹊径，成为后发国家汲取智慧、指导实践以及开展理论创新的重要参考。相比之下，中国的研究相对较少，可以说凤毛麟角。为此，我们策划了这套"大飞机产业研究丛书"，遴选、编译国外相关研究成果，借他山之石以攻玉，帮助更多的人了解大飞机产业。

我们的工作只是一个开始，今后将继续努力推出更多优质作品以飨读者。在此，感谢参与本丛书出版工作的所有编译者，以及参与审校工作的专家和学者们，感谢所有人的辛勤付出。希望本丛书能为相关人员提供借鉴和启迪。

译者序

20 世纪 80—90 年代初,全球商用飞机产业格局发生剧烈调整,美国洛克希德·马丁公司退出商用飞机舞台、麦克唐纳·道格拉斯公司发展陷入颓势,欧洲的空客公司蒸蒸日上,对美国的市场垄断地位日益构成威胁。同一时期,美国的汽车、机械等传统优势制造业以及半导体、电子产品等高技术产业,正面临来自日本和欧洲的巨大挑战。美国政策制定者强烈呼唤其国内的专家学者对高技术产业的特征和规律开展研究,围绕产业政策的制定提出建议。

劳拉·丹德烈亚·泰森(Laura D'Andrea Tyson)便是其中一名顶级学者。作为麻省理工学院经济学博士,她长期致力于全球经济、美国产业政策和国际贸易等研究。1992 年,她出版《鹿死谁手——高技术产业中的贸易冲突》一书后,得到时任美国总统克林顿的赏识,并于1995 年起担任美国国家经济顾问,是克林顿第一任期内国内和国际经济政策的关键设计师。她也曾担任白宫经济顾问委员会第十六任主席,是该委员会自 1946 年成立以来首位女性主席。她还先后担任加利福尼亚大学伯克利分校哈斯商学院院长、伦敦商学院院长、麦肯锡全球研究所和美国进步中心高级顾问,目前是加利福尼亚大学伯克利分校哈斯商学院全球管理学教授。

本书节选自《鹿死谁手——高技术产业中的贸易冲突》一书，是泰森教授与其学生陈佩修合作完成的。本书共 6 章：第 1 章阐述了商用飞机产业的战略意义；第 2 章分析了该产业独特的经济原理；第 3 章回顾了自喷气时代以来的产业发展历史，评估了美国政府的干预行为对该国产业造成的利弊；第 4 章至第 6 章分别以空客公司的发展、美欧商用飞机贸易摩擦、麦道公司与中国台湾地区的合作为案例开展研究。本书将理论分析与实践案例相结合，夹叙夹议、深入浅出，既深刻揭示了商用飞机产业的内在特征和发展逻辑，也为美国政策制定者提供了具体的政策建议。

时隔三十余年，本书的核心观点毫不褪色、历久弥新。一是指出商用飞机产业是战略性产业。经济上，具有极强的正外部性，"为扶持该产业而采取的战略性、以邻为壑及超额利润转移等政策可以提高国家的经济福利"；军事上，与军工的技术互溢、周期互补，若商用飞机产业没有充分吸纳军工领域的工程师与工人，则维持独立的军工生产能力将付出高昂的成本。二是指出该产业具有显著的规模经济、范围经济、学习经济。上述特征驱使产业向自然垄断发展，全球市场养不活太多"玩家"。"生产一款新机型时，制造商要卖出约 600 架才能实现收支平衡""一个飞机产品系列达到范围经济所需的市场规模一直大于全球市场的规模"。三是指出产业政策对产业发展极端重要。在商用飞机领域，市场经济的很多原则和机制并不适用，产业发展由政府主导，产业政策不是"要不要"而是"好不好"的问题。"空客公司在起步的头 25 年里，如果未得到大规模的研发、生产和市场支持，根本不可能与美国制造商相抗衡。"

泰森教授的论著，对于商用飞机领域的每一个参与者，无论是矢志进军这一最高角斗场的制造企业，还是关注本国产业发展的政策制定者，都是不可多得的宝贵教材。

目　录

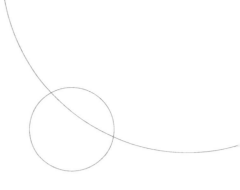

第 1 章

商用飞机产业的战略意义　001

1.1　全球商用飞机产业格局　002

1.2　商用飞机产业的意义　009

第 2 章

产业经济　013

2.1　机体技术　015

2.2　成本结构和市场集中度　016

2.3　产品差异化与研发风险　020

2.4　产业组织和多源采购　023

2.5　政府干预与市场竞争　026

第 3 章

飞机创新、产业政策和市场行为　037

3.1　国情差异、国内市场的影响与"喷气时代"反转(1952—1966 年)　039

3.2 大刀阔斧的革新、不明朗的产业政策以及与宽体飞机的竞争 (1966—1978 年)   045

3.3 技术不确定性、市场地位和新窄体飞机 (1979—1984 年)   052

3.4 创新激励、需求波动、飞机系列的竞争 (1985—1991 年)   055

3.5 政府参与商用飞机竞争   057

第 4 章

政府干预商用飞机产业的经济分析：空客公司的案例   059

4.1 相关学术研究   060

4.2 小结   062

第 5 章

飞机制造业的贸易摩擦   065

5.1 1979 年 GATT《民用航空器贸易协议》   066

5.2 美欧双边摩擦：1979—1991 年   076

5.3 1992 年美欧双边协议   083

第 6 章

台翔航太公司和麦道公司：从战略视角看商用飞机产业   087

6.1 麦道公司的困境   088

6.2 台翔航太公司和麦道公司的合作   089

参考文献   099

第1章
商用飞机
产业的战略意义

1.1　全球商用飞机产业格局

以任何绩效标准来衡量——产量增长、出口、生产力或者创新能力——民用飞机产业①都是战后美国经济中的一颗明星②。作为美国最大的出口行业，美国民机产业 1991 年的贸易净盈余达 170.8 亿美元。在全球商用飞机机队中（不含苏联），美国生产的飞机占据了将近80％。毫无疑问，商用飞机产业是美国技术和市场主导地位的象征。而今，美国制造商③却面临两个严重挑战：军方购货与间接军事补贴削减带来的内部挑战，以及欧洲飞机产业联盟——空中客车集团（原欧洲宇航防务集团，以下简称"空客公司"）④竞争能力增强带来的外部挑战。美国能否继续取得成功，取决于美国政府和美国企业如何应对这两个

①　译者注：商用飞机产业，或称民用飞机产业、民机产业。

②　Mowery，David，and Nathan Rosenberg，"The Commercial Aircraft Industry," in Richard Nelson ed. *Government and Technical Progress: A Cross Industry Analysis*（New York：Pergamon Press，1982），pp. 101 - 102.

③　译者注：本文提到的制造商，主要是指飞机的主制造商，区别于提供发动机、机载系统、原材料等的供应商。

④　译者注：空中客车集团是一家由欧洲多国政府合资、专营航空器与航天器的研发及销售的综合企业。1967 年法国、英国、德国和西班牙开始组建空客工业公司，研发空客A300。2000 年，欧洲宇航防务（European Aeronautic Defence and Space，EADS）集团成立，2004 年改名为空客集团公司，旗下企业包括空客公司、空客国防航天公司和空客直升机公司等。

挑战。

空客公司是由法国、英国、德国和西班牙四国组建的集团公司。在政府大力支持 20 年后（至 1991 年），空客公司研发了一系列具有竞争力的机型，占据了全球三分之一的大型商用飞机市场份额。空客公司在技术上已与美国波音公司[①]势均力敌，并取代美国麦克唐纳·道格拉斯公司（以下简称"麦道公司"）[②]成为全球第二大制造商。自 1990 年起，欧洲便一直在争论何时投资研制 600 座的 A350[③] 超大型客机，该机型载客量将是波音 747 的 1.5 倍，一旦研制成功，将对波音公司构成严重威胁——在过去 5 年中，波音公司平均占据 55% 的全球市场份额（见表 1.1）[④]。

麦道公司，美国第二大商用飞机制造商和最大的军事承包商此时正面临窘境，其商用飞机业务可能破产，而本就拮据的军事业务也恐遭大幅削减。麦道公司在 1986 年推出的商用飞机 MD - 11[⑤] 在航程方面

①　译者注：波音公司，是全球领先的航空航天公司以及领先的商用飞机、防务、航天和安全系统的供应商，是美国最大的出口商，于 1916 年由爱德华·波音在西雅图创立，1997 年并购麦克唐纳·道格拉斯公司后，成为美国唯一、全球唯二的大型民用飞机制造商。波音公司同时是全球第二大国防承包商，军售武器量仅次于洛克希德·马丁公司。波音公司下设三大业务集团，包括民用飞机集团（BCA），防务、空间与安全集团（BDS）和全球服务集团（BGS）。

②　译者注：麦道公司是一家美国飞机制造商和国防承包商，1939 年由詹姆斯·史密斯·麦克唐纳创办，称麦克唐纳飞行器公司，1967 年兼并道格拉斯飞行器公司并更名。1997 年 8 月，麦道公司并入波音公司。麦道公司生产了一系列著名的民用和军用飞机，如 DC - 10 客机和 F - 15 战斗机等。

③　译者注：A350 是空客公司研制的双发远程宽体客机，以取代较早期推出的 A330 及 A340 系列机型。A350 是在 A330 的基础上进行改进的，主要是为了增加航程和降低运营成本，同时也是为了与全新设计的波音 787 进行竞争。根据空客公司的官网，A350 最大座级为 440 座。

④　在 1990 年市场飞机交付数据中，波音公司占比 45%，空客公司占比 34%，麦道公司占比 21%。Exhibit 5, Collision Course in Commercial Aircraft: Boeing-Airbus-McDonnell Douglas, Case No. 9 - 391 - 106, Harvard Business School, 1991.

⑤　译者注：MD - 11 是一款由麦道公司生产、配备 3 台发动机的宽体客机，其设计源自 DC - 10 客机，设计特点在于尾翼有一台发动机，可载客 323～410 人。MD - 11 于 2001 年停产后有不少被用在货运服务上，而退役的 MD - 11 客机也被悉数改装为货机。

表 1.1　各公司商用宽体、窄体飞机累计订单数

单位:架

飞机型号	1975年	1976年	1977年	1978年	1979年	1980年	1981年	1982年	1983年	1984年	1985年	1986年	1987年	1988年	1989年	1990年
波音																
窄体																
707	16	11	17	10	5	23	21	18	25	17	14	16	18	18	13	20
727	66	117	184	196	170	106	39	18	8	0	0	0	0	0	0	0
737	23	21	34	139	138	150	167	134	121	187	353	423	441	615	932	916
757	0	0	0	40	40	112	136	121	113	94	101	79	83	196	372	392
窄体总数	105	149	235	385	353	391	363	291	267	298	468	518	542	829	1 317	1 328
宽体																
747	33	20	42	93	101	76	46	29	31	37	54	102	146	173	196	298
767	0	0	0	84	135	156	173	157	118	84	59	55	75	103	191	183
777	0	0	0	0	0	0	0	0	0	0	0	0	0	0	0	49
宽体总数	33	20	42	177	236	232	219	186	149	121	113	157	221	276	387	530

（续表）

飞机型号	1975年	1976年	1977年	1978年	1979年	1980年	1981年	1982年	1983年	1984年	1985年	1986年	1987年	1988年	1989年	1990年
总数	138	169	277	562	589	623	582	477	416	419	581	675	763	1 105	1 704	1 858
麦道																
窄体①	51	26	55	99	109	106	45	50	61	131	180	203	213	346	423	400
宽体																
DC-10	18	15	30	57	53	25	9	3	0	5	8	6	7	1	0	0
MD-11	0	0	0	0	0	0	0	0	0	0	0	0	29	88	126	175
宽体总数	18	15	30	57	53	25	9	3	0	5	8	6	36	89	126	175
总数	69	41	85	156	162	131	54	53	61	136	188	209	249	435	549	575
美国厂商生产总数②	207	210	362	718	751	754	636	530	477	555	769	884	1 012	1 540	2 253	2 433
空客																
窄体①	0	0	0	0	0	0	25	25	47	51	90	236	294	404	445	663
宽体																

（续表）

飞机型号	1975年	1976年	1977年	1978年	1979年	1980年	1981年	1982年	1983年	1984年	1985年	1986年	1987年	1988年	1989年	1990年
A300	0	0	0	0	104	108	98	44	21	3	17	14	34	34	66	78
A310	0	0	0	0	61	76	88	102	91	72	45	38	45	40	48	70
A330	0	0	0	0									12	12	110	138
A340	0	0	0	0									68	71	84	89
宽体总数	0	0	0	0	165	184	186	146	112	75	62	52	159	157	308	375
总数	0	0	0	0	165	184	211	171	159	126	152	288	453	561	753	1 038
美国和欧洲厂商生产总数②	207	210	362	718	916	938	847	701	636	681	921	1 172	1 465	2 101	3 006	3 471

资料来源：Amtec Securities, Inc. Data used with permission。

① 麦道公司生产的窄体飞机包括 DC-9 和 MD-80。空客公司 1979 年以前的生产数字不详，但为数不多。空客公司生产的窄体飞机包括 A320 和 A321。

② 总数和各项数目加和不符之处均依照原资料未进行修改。

表现并不理想,营业收入也不足以支撑其发展出完整的产品系列来应对未来竞争。军事采购需求大量减少且未来削减尤甚,也对麦道公司在军事领域的影响力构成了威胁。即使在最乐观的情况下,军事业务收缩似乎也不可避免。1991年底,为纾解财务困境,麦道准备将40%的股份卖给中国台湾的台翔航太工业股份有限公司(以下简称"台翔航太公司")①。尽管这笔股权出售交易对麦道公司有所帮助,但对美国飞机制造业、美国供应商或美国经济却未必有益。

美国应如何应对其商用飞机产业面临的内外部挑战? 又应采取何种贸易和产业政策才能确保国家在就业、利润和出口收益等方面继续享受商用飞机产业领先带来的红利? 本书将通过分析战后全球飞机产业竞争史来解答上述问题。

商用飞机产业政策制定者必须清楚该产业独特的经济原理,本书将在第2章对此进行详细阐述。巨大的技术风险、巨额的研发成本,以及规模经济、范围经济和学习经济,驱使该产业向单一制造商占据全球市场的自然垄断状态发展。这样的发展趋势对生产效率是有益的,但生产效率却不是评价产业结构福利效应的唯一标准。另一个标准是动态效率,即技术变化的范围和速度,以及产品的多样性。这两个标准对于产业下游的运营商来说均至关重要。推出一款飞机往往会涉及很多实际风险,相比之下,生产成熟机型在成本上具有极大的优势,因此制造商倾向于推迟研发新机型。换句话说,商用飞机产业的经济特性造成了静态生产效率和动态效率之间以及制造商利益和运营商利益之间的内在矛盾。

正如本书第3章指出的,美国政府在国内外对商用飞机产业的持

---

① 译者注:台翔航太工业股份有限公司(Taiwan Aerospace)成立于1991年9月,中国台湾地区行政管理机构设立的开发基金出资29%,民间企业出资71%,原有台中厂房负责经国号战机零件生产,后来在2001年因战机减产而变卖厂房,成为纯投资控股公司。

续干预，阻止了该产业自然垄断的形成。这种干预鼓励产品多样化和技术革新，对于航空运输业也是有益的。

纵观历史，美国飞机制造业正是得益于这种常常是权宜之计却行之有效的产业政策。尽管这些政策的初衷是针对军用飞机产业的，却无意中给商用飞机产业带来了意想不到的溢出效应。出于一些原因，这种商用飞机产业的间接支持政策已不如以往那般重要。但由于该产业自身的经济特性，过去的种种支持政策仍有持久的影响。波音公司凭借在美国军方资助下获得的发动机技术和设计方面的竞争优势，垄断宽体远程飞机市场并进而奠定了其在全球市场的地位。同样，麦道公司当前①的困境也可归咎于 20 世纪 60—70 年代与美国洛克希德公司②在宽体、中程飞机市场上的正面交锋，两家公司都有大量军事业务，但似乎恰恰是作为它们"救命稻草"的军方，引发了这一场两败俱伤的竞争。

不同于美国的产业扶持政策，欧洲对空客公司的政策支持出于明确的商业目的，但也有人声称这种支持具有"军民两用"的双重意义（即在这种支持下发展起来的技术，既可以用于军事又可以用于民事）③。就该产业的经济特性而言，空客公司在起步的头 25 年，如果未得到大规模的研发、生产和市场支持，根本不可能与美国制造商相抗衡。考虑

---

① 译者注：本书中出现的"目前、当前"表示时间语境的词语均指原书出版时间，即 1992 年，在此统一说明。

② 译者注：洛克希德·马丁公司，全称洛克希德·马丁空间系统公司，前身是洛克希德公司，创建于 1912 年，是一家美国航空航天制造商，1995 年与马丁·玛丽埃塔公司合并，更名为洛克希德·马丁公司。公司以研发、制造军用飞机闻名世界，就营业总额而言，是全世界最大的国防工业承包商。洛克希德公司曾于 1966 年开始研制 L - 1011 三发宽体中远程客机，因该机型事故频发，销售惨淡，洛克希德公司逐渐淡出民机市场。

③ 欧洲政府常常辩解说对空客公司进行补贴，是因为商用航空产业对发展技术基础至关重要，而发展技术基础是出于国家安全需要。该理由与美国在支持半导体产业方面进行的辩解惊人地相似。西奥多·H. 莫兰与大卫·C. 莫厄里在《全球化时代的航空航天和国家安全》一文中也有类似的阐述。CCC Working Paper No. 91 - 2, Center for Research and Management，University of California，Berkeley，1991。

到规模经济、范围经济和学习经济,准备进入商用飞机领域的潜在竞争者所承担的生产成本将高于行业内既有玩家。一家新公司要想研发出一个飞机系列并形成足够大的生产规模,实现与现有公司相抗衡的规模经济性,需要做好承受多年的亏损的准备。并且,推出这一产品系列需要投入高额的研发费用,承担巨大的技术风险。以上诸多因素,对于希望通过市场手段进入行业的新竞争者而言都是不可逾越的障碍。政府这只看得见的手曾经支持了空客公司这样的市场新进入者,未来这只有形的手还将推动后来者如中国台湾台翔航太公司和日本三菱公司①的发展。

1.2　商用飞机产业的意义

为什么各国政府愿意承担如此庞大的财政开支和风险,推动商用飞机产业的发展呢? 答案在于这一行业所具备的军事与经济"战略"意义。

商用飞机在常规军事领域具有战略意义,是因为商用业务和军事业务之间存在溢出效应,规模经济和技术创新会从一侧溢出到另一侧。很多商用飞机机体制造商同时都是重要的军事承包商(见表1.2),军民两方共用大量分包合同生产商和零部件供应商。军用飞机注重飞机性能和灵活性,而商用飞机重视成本和可靠性,两者将共同促进飞机的技

---

① 译者注:三菱集团是日本一个企业联合体,原三菱财阀解体后由其旗下企业共同组成,总共包括约300家企业。三菱重工业株式会社是日本综合机械制造商,也是日本最大的国防工业承包商,为三菱集团的旗舰企业之一,其业务范围相当广泛,涵盖交通运输(如船舶、铁路车辆)、航空、航天、军事装备、电动机、能源、空调设备等各种类型机械机器设备的生产制造。三菱飞机公司是日本一家飞机制造商,于2008年4月1日作为三菱重工业株式会社的附属公司成立,负责研发和生产三菱70~90座客运支线客机MRJ(后改名为SpaceJet)。2023年2月7日,三菱重工业株式会社宣布终止该项目。

术革新。所以,商用飞机产业具备竞争力也有助于一个国家军事力量的提升。在生产方面,军用和民用飞机也有互补性,因为两者具有循环但是异步的商业周期,若没有民机产业来充分吸纳军工领域的工程师与工人,那么维持独立的军工生产能力将付出高昂的成本。单是出于安全方面的考虑,美国和欧洲就将会继续生产商用飞机,而未来防务开支削减和攻防转换将使美国更多地依赖民用领域来发展航空能力。

表 1.2　1989 年各公司军用飞机销售年收入

公　　司	年收入/百万美元	占公司总收入的比例/%
MBB①	783	47.0
法国航空航天公司②	1 355	33.5
英国宇航公司③	3 470	53.6
空客公司	5 588	46.1
波音公司	4 361	23.4
麦道公司	5 919	55.5

资料来源: Office of Technology Assessment, *Competing Economies: America*, *Europe*, *and the Pacific Rim*(Washington: Government Printing Office), October 1991。

从经济角度看,商用飞机产业也具有战略意义。商用飞机产业提

---

①　译者注: MBB 是德国统一以前的德意志联邦共和国(西德)的一家航空航天制造商,成立于 20 世纪 60 年代后期,后被德国航空航天股份公司收购。
②　译者注: 法国航空航天公司于 1970 年成立,主要生产民用和军用飞机、火箭及卫星。除卫星业务在 1999 年与阿尔卡特公司合并成立阿尔卡特航天公司,即现在的泰雷兹阿莱尼亚航天公司之外,公司其余资产全部注入空中客车集团。
③　译者注: 英国宇航公司,英国飞机制造商、武器及防御系统承包商。1977 年,工党政府将英国飞机公司、霍克·西德利的两家子公司和苏格兰航空公司合并,收归国有,组成国有企业,改称英国宇航公司。1999 年,英国宇航公司收购了英国通用电气公司旗下的马可尼电子系统,成立了 BAE 系统公司。

供了高薪资、高技术的就业机会,增加了美国的研发支出和出口,对战后的美国经济作出了重大贡献。飞机制造业能创造"超额租金^①"或更高的生产要素回报。事实上,飞机制造业可谓最具代表性的战略性产业,为扶持该产业采取战略性、以邻为壑及超额利润转移(租金转移)等政策可以提高国家的经济福利。从实现超额利润转移这一角度,就可以理解欧洲为什么决心要从美国手中分得全球商用飞机这一高利润市场的一杯羹。

鉴于其明显的战略意义,美国该如何应对商用飞机产业所面临的挑战? 这个问题没有简单的答案。基于自由市场意识形态的老套做法丝毫不适用,因为这些老套做法建立在完全竞争的假设基础上,并不符合商用飞机产业的情况,也不符合该产业军民两用的政治现实。与过去一样,政府对该产业在国内和国外进行干预仍可能是未来的大趋势。

在指导政府如何干预这个全球军民两用产业方面,目前并没有关于最优策略的指导性理论。该产业的垄断格局有望为制造商带来静态生产效率和大量租金,但对客户而言,垄断却会威胁到价格、创新步伐以及产品的差异化。此外,国界的划分使得在静态效率与动态效率、制造商利益与客户利益之间取得适度平衡变得极为复杂。虽然可以通过跨国分包机制使产业租金流向多个国家,但在一个单一制造商的世界中,产业租金还是会大量流向单一国家。第二次世界大战(以下简称"二战")结束后,主制造商实施大规模分包是政府大力施压的结果。然而,即使是在单一主制造商的世界中,其本国政府也不得不在自家制造商利益与客户利益之间进行权衡,而这种权衡本身也是个棘手的问题。从全球福利的角度来看,要同时考虑其他国家客户的利益,这进一步增加了问题的难度。

---

① 译者注:租金(rent),经济学概念,一般指要素收入与其机会成本之差,即垄断利润。

一类简单而典型的观点是将外国补贴视为一种赠予，而流行的政治观点则认为外国补贴会危害本国的经济福利。鉴于飞机制造业的特点，这两种观点都不适用。正如战略性贸易理论所证明的，补贴可导致"超额租金"从一个国家向另一个国家转移。在飞机制造业中，这种补贴在削弱自然垄断方的同时，还降低全球生产效率，在降低"租金"的同时实现"租金"转移。根据补贴对制造商竞争的影响情况，"租金"会因激烈的价格竞争或一轮又一轮重复的产品创新而进一步削减。尽管外国补贴会损害本国制造商的利益，但本国客户却会因此受益——外国政府对飞机制造业的干预可能会对生产效率、制造商超额利润、国家工资水平、就业机会、国家研发及其相关的本地溢出效应和国家安全等产生不利影响，但却会通过加强价格竞争、产品差异化及产品创新给客户带来利益。

这种情况下，要慎重应对外国政府对飞机产业的干预，权衡正负两方面的影响——对生产效益、生产租金、工资水平、就业机会、国家研发及与其相关的地方事业、国家安全可能产生的不利影响，以及通过加强在基础价格、产品差异化、生产革新方面的竞争，对客户可能产生的有利影响。简而言之，要对特定产业的外国干预及其应对政策进行详细分析研究，不能用简单的经济理论或政治上的老生常谈来代替。本书第3至第6章将对其进行相关分析，评估过去美国对欧洲补贴空客公司做出的反应，并为如何应对未来欧洲对空客公司的补贴，以及美国制造商和外国供应商之间可能形成的合资，比如麦道公司和台翔航太公司，提出适当的政策建议。

第 2 章
产业经济

商用飞机产业不符合竞争范式的所有假设。该产业的显著特征在于其巨大的规模和范围经济、显著的风险以及剧烈的技术变革。在这种情况下，市场本身并不完善，不存在市场竞争结果是最优的这种假设，政府干预可持续影响产业结构和绩效。

自商用喷气式飞机诞生以来，生产制造就一直是高度垄断的。1953 年，当波音公司引领美国航空产业进入喷气飞机时代时，著名的行业分析专家约翰·麦克唐纳（John McDonald）写道：

> 很显然，市场中不可能同时容纳三家制造商；也许在未来十年，能靠生产喷气式飞机赚钱的公司不超过两家，问题是麦道、洛克希德和波音这三家公司哪一家将会退出。①

40 年后，他的论述依然十分精辟。空客公司取代了洛克希德公司，而麦道公司岌岌可危。造成这种自然垄断趋势的首要原因是机体制造技术。机体技术及其创新会限制潜在进入者的数量，迫使新进入者必须在整个产品系列上展开竞争，同时决定了新进入者在推出后续产品时的节奏和策略，使其处于风险中。一个产品系列将共用一组通用技术，这决定了机体制造的市场结构。而推出新产品是一种创新行为，会不断推动市场结构重组。推出新产品需要的巨大成本和面临的

---

① McDonald, John, "Jet Airliners: Year of Decision," *Fortune*, April 1953, p. 217.

风险对市场行为和绩效有非常重要的影响。在分析商用飞机产业时，若不考虑创新这一核心因素是不到位的。

2.1　机体技术

机体制造商（即飞机主制造商）将来自各个领域和行业的众多技术和系统都集成到航空运输系统中，促成了航空运输系统效率和能力的不断提升。一架现代喷气式飞机由数百万个零部件构成，广泛融合了各种看似不相关的技术，如材料、推进、电子、液压、空气动力学等。组成喷气式飞机的各个系统本身也极为复杂。当前（1992 年）研发一款新机型需要 40 亿～60 亿美元的前期研发投入，这笔钱还仅仅是用于众多复杂部件的集成工作，不能涵盖组成飞机的各个复杂系统本身的研制。其中，用于原型机研制的支出占项目总研发费用之首，其次是航电设备、推进系统（即发动机系统）和空气动力研究。[①]

机体技术本身也是一种复杂的系统集成技术，对商用飞机产业而言，具有两个重要特点。一个是行业外部的技术和创新的重要性。

> 飞机制造业的不寻常之处在于飞机的系统高度复杂，因此能从创新活动在不同行业之间的流动中受益。
>
> ——莫厄里、罗森伯格[②]

总的来说，诸如冶金、石油和电子等其他行业源源不断的创新，大大改善了飞机的性能。商用飞机产业的一个主要创新来源是军事部

---

①　Mowery and Rosenberg, 1982. p. 135.

②　同上，p. 103。

门。军方重视飞机的性能，对成本有较大的承受能力，军机促进了很多技术的发展，并使这些技术大量应用于民机领域，例如发动机技术。

另一个重要特点是技术不确定性。一架飞机的性能关键取决于组成飞机的各个复杂系统之间的相互作用，而从设计和工程数据上很难对这些系统间的相互作用以及由此产生的整体性能进行提前预测，往往只有在经过试飞后才会发现一些意想不到但十分关键，甚至是致命的缺陷或不足。这种不确定性既反映了高性能系统集成本身的复杂性，也反映了关于关键组成部分（如材料）性能研究的科学理论仍处在较低水平[1]。

飞机制造业的技术特点会对经济结果产生重要影响。飞机制造需要集成复杂的系统，有着某种特定的成本结构。与商业上的风险不同，商用飞机产业中的巨大风险主要来自技术上的不确定性。成本和风险是产业集中化趋势的一个主要原因，而不断创新能够遏制这一趋势，因此，市场潜在进入者比既有玩家们更热衷于创新。

2.2 成本结构和市场集中度

商用飞机产业呈现集中化趋势的另一个主要原因是规模能带来可观的收益递增。规模经济主要是大量的研发投入和学习效应[2]的结果，无论对于单一的一款飞机产品，还是对大小和航程都不同的飞机产品，规模经济都十分显著。高难度的系统集成需要巨额的研发费用来支

---

① Mowery and Rosenberg，1982，p. 103.

② 译者注：学习效应（learning effect）指企业的工人、技术人员、经理等在长期生产过程中，可以积累产品生产、技术设计以及管理工作的经验，从而通过增加产量降低长期平均成本。

撑,可占到固定成本的约三分之二(见表 2.1)。此外,复杂的生产过程也会产生显著的学习效应。

在飞机组装过程中,学习十分重要。娴熟的工匠技艺和成千上万种操作的有序配合,都需要学习。随着飞机产量提升,工作人员会不断积累经验。世界范围内公认的飞机制造学习弹性[①]为0.2,即产量每翻一番,生产成本就会下降 20%[②]。

——克莱珀

表 2.1　几款商用飞机的研发成本

机　型	开始服役时间	研　发　成　本		
		当时的价值/百万美元	1991 年的价值/百万美元	1991 年每架飞机的价值/百万美元
麦道 DC-3	1936 年	0.3	3	0.1
麦道 DC-6	1947 年	14	90	1.7
麦道 DC-8	1959 年	112	60	3.8
波音 747	1970 年	1 200	3 300	7.3
波音 777	—	5 000*	4 300	14.0*

资料来源:Office of Technology Assessment,*Competing Economies: America*,*Europe*,*and the Pacific Rim*(Washington:Government Printing Office),October 1991.

＊ 估计的数字。

———————

① 译者注:学习弹性,是一个测量学习效应的指标。

② G. Klepper, "Entry into the Market for Large Transport Aircraft," in European Economic Review Vol. 34,No. 4,1990,pp. 775 – 803.

除了显著的规模经济①，飞机生产也体现了范围经济②，因为某些生产阶段并不是某特定机型所独有的，所以一款飞机生产中实现的学习效应可以影响另一款飞机生产的边际成本。③ 在飞机设计中，与交叉学习效应相同的是通用性规则。通过在不同产品中使用通用的部件、构建通用特征来分散研发成本，是这个产业的一贯做法。如果一家企业想要利用范围经济，就会选择研发具备共享技术和部件的系列化产品。

产品系列化不仅给制造商带来成本优势，也会给客户带来外部性④收益。航空公司只要坚持使用一家制造商提供的机型，或者一个产品系列，就可以在人员培训、维护和库存方面节省大笔费用。飞行员在执飞每种机型前都需要得到资格认证，如果执飞机型有变化，就需要接受额外的培训。⑤

产品系列化现象的背后是技术的不确定性和外部性的作用。推出一款新机型涉及巨大风险，而产品技术创新越多，风险也就越大。但源源不断的外部创新也意味着在一款新机型推出后不久，就有机会研制出更好的飞机。不过成本和风险决定了企业一般在较长的一段时间后才会推出新产品。新技术带来的机遇和竞争都会促使企业改进老旧产品以获得更好的性能或实现不同的市场定位，从而催生出"衍生机型"

---

① 译者注：规模经济指由于生产规模的适度扩大，生产要素得到更有效的配置，降低产品平均成本，进而获得更大的经济效益。

② 译者注：范围经济指由厂商的范围而非规模带来的经济，即当同时生产两种产品的费用低于分别生产每种产品所需成本的总和时，所存在的状况被称为范围经济。

③ G. Klepper，"Entry into the Market for Large Transport Aircraft" in European Economic Review Vol. 34，No. 4，1990，pp. 777-778.

④ 译者注：外部性（externality），经济学概念，又称溢出效应、外部影响，指一个经济主体（生产者或消费者）在自己的活动中对旁观者的福利产生了一种有利影响或者不利影响，这种有利影响带来的利益（或者说收益）或不利影响带来的损失（或者说成本），都不是生产者或消费者本人所获得或承担的，是一种经济力量对另一种经济力量"非市场性"的附带影响。

⑤ John Andrews，"Eternal Triangles — A Survey of the Civil Aerospace Industry，" *The Economist*，V. 295；Special Survey，June 1，1985，p. 8.

或既有产品系列的改进型。[①]

对一个产品系列进行增量改进（渐进式改进）尽管在技术上"没什么意思"，却有重要的经济意义。"在干中学"，既适用于设计和生产阶段，也适用于飞机交付使用之后。对现有机型的进一步拓展使用，有助于更好地理解飞机设计，以及飞机中各个极为不同但又互相依存的部件的性能特征，这样也就可以通过渐进式的改进来充分发挥出一个机型的潜力。[②]

规模经济和范围经济在许多产业都很显著，对于商用飞机产业尤其如此，因为商用飞机产业是一个真正意义上的全球产业。研发成本、"干中学"、通用性、衍生性，以及"用中学"共同构成了一个特定的成本结构，整个全球市场都"装不下"其潜在的规模效应[③]。在动态规模经济模式下，其他任何产业都不会像飞机产业一样如此严格地限制产品和制造商的数量。在生产一款新机型时，主制造商要卖出约 600 架飞机才能实现收支平衡，这至少需要 8 年的时间，如果包含研发时间，则至少需要 12 年。在喷气式飞机时代初期，600 架飞机很容易就占到了市场总量的一半。虽然后来市场的快速增长为规模化生产更多飞机提供了一定空间，但一个飞机产品系列达到范围经济所需的市场规模一直大于全球市场的规模。因此，若以生产效率做评判原则，大型喷气式飞机产业的发展就会逐渐形成自然垄断。

[①] 衍生机型生产最常见的方式是加长现有机型的机身："飞机的运力首先取决于发动机的能力。随着发动机性能得到提升，要进一步挖掘潜力，就需要对机体进行重新设计或改装。最简单的方法就是加长机身和增加更多座位。事实上，由于这一现象得到更多人理解，大多数飞机都被故意设计成便于后续加长机身的样式。"（Mowery and Rosenberg，1982：124）

[②] 莫厄里和罗森伯格在相关专著中曾表示："以麦道的 MD-8 为例，尽管基本构型保持不变，改装相较于不同机型相对不成熟，该机型全生命周期内的运行能源成本降低了50％以上（按每座英里计算），产能提高了 2 倍。"（Mowery and Rosenberg，1982：122-123）

[③] 更常见的表述为"最小规模效应"，或耗尽不断增长的收益所需的规模。

2.3 产品差异化与研发风险

生产效率仅是评估市场结构福利水平所要考虑的因素之一，另一个因素是该市场结构对处于产业下游的航空公司的影响。对航空运输业经济效率、福利的全面分析，既要包括飞机制造商，也要包括航空公司。而航空公司的生产力及服务质量取决于飞机制造商的生产效率、产品差异化及技术进步情况[①]。

然而，制造商和航空公司的利益存在潜在冲突，或者说需要权衡。航空产业的动态范围经济和规模经济限制了制造商在改变产品的大小、航程（横向差异），以及提高产品的总体质量（纵向整合）方面的积极性。有限的横向差异制约了航空公司实现所谓的部署效率，即为满足不同航线使用合适的飞机，而有限的纵向整合则限制了航空公司在资本成本和运营成本之间找到最优配置。

在某种程度上，市场交易能够解决航空公司和制造商之间的矛盾。比如，制造商推进产品差异化的积极性受航空公司提出的需求和条件影响。制造商试图将某产品系列的规模经济和范围经济最大化，而航空公司则寻求更大的产品差异化。这样一来，双方在市场交易中会相互妥协。不过这种交易是极不完善的，其原因一方面是行业参与者的集中性，另一方面是新产品或产品系列的推出伴随着极大的风险和不确定性。

推出一款新机型需要大规模的创新，创新就需要大量的前期投资，而新机型的投资收益又存在明显的滞后性。一款飞机从研发、试验到取证，过程长达 4—5 年。研制时间长，部分原因是技术上具有复杂性

---

① 得益于商用飞机产业的技术进步，航空运输业在二战前后都是美国所有行业中产能增长率最高的行业之一（Mowery and Rosenberg，1982：endnote 1）。

和不确定性,但也有商业方面的考虑。由于推出新产品的差异化有限且推出时间存在间隔,飞机制造商在推出一款新机型时往往面临航空公司积累的各种不同需求。为了尽可能满足这些需求,制造商在选择新飞机构型前通常要先做一系列"纸飞机"试验(Mowery and Rosenberg,1982:171)。在试验阶段,制造商会同许多航空公司合作,并不限于少数可能购买飞机的航空公司。

对制造商来说,研发新产品所需的巨额资金投入是另一项重大风险。[1] 将这些资金投入与制造商的净资产相比,就可以看出资金负担到底有多重。据估算,波音747的研发成本为12亿美元,是波音公司当时资产总额的3倍以上。同样,麦道DC-10的研发成本也约为道格拉斯公司资产总额的3倍[2]。

飞机制造商无法在短期内获得研制费用的收益回报。一般情况下,飞机的价格是按照一个型号生产400~600架的平均成本来估算的。因此,初期生产的飞机都是亏本出售的,因为制造商的学习曲线尚未下降多少。据估计,一款新机型大约从生产第70架开始才可能实现正现金流[3],且前提是能获得市场认可。

飞机制造商在某一产品上的前期投资很可能无法收回。推出一款新机型时,制造商需要瞄准一个市场"空缺",即现有机型的大小和航程不能满足的市场。然而,这个市场需求是高度变化的,在最初的研发阶段,很难预测市场在几年后面对新推出的产品会有怎样的反应。在产品运营阶段,市场需求的变化会更加剧烈。况且,虽然前期投入了大量

---

[1] 研发成本约占前期资本成本的40%,工装和设施占20%,剩余的将用于正在进行的工作。

[2] Office of Technology Assessment, *Competing Economies: America, Europe, and the Pacific Rim*. Washington: Government Printing Office, 1991, pp. 15-16.

[3] Office of Technology Assessment, *Competing Economies: America, Europe, and the Pacific Rim*. Washington: Government Printing Office, 1991, p. 26.

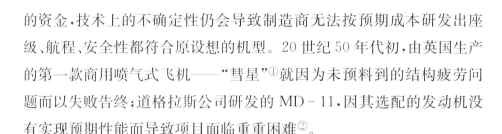

的资金，技术上的不确定性仍会导致制造商无法按预期成本研发出座级、航程、安全性都符合原设想的机型。20 世纪 50 年代初，由英国生产的第一款商用喷气式飞机——"彗星"①就因为未预料到的结构疲劳问题而以失败告终；道格拉斯公司研发的 MD-11，因其选配的发动机没有实现预期性能而导致项目面临重重困难②。

推出新机型会面临的一个不确定因素来自飞机价格与性能之间的权衡。制造商必须决定在新产品上应用哪些新技术。一方面，应用新技术意味着更高的研制和生产成本，应用的新技术越多，飞机的制造成本和价格就越高。但另一方面，应用新技术可以提高燃油效率，降低对飞行员的要求，进而会降低飞机的运营成本。对航空公司来说，总是要在资本成本和运营成本之间做权衡。据估计，燃油成本占一架飞机全生命周期成本支出的 56%，而飞机的初始采购成本只占 14%，其余则是运营、维修等成本（Boeing Commercial Airplane Company，1982：13）。航空公司主要依据石油和汇率价格来权衡资本成本和运营成本，但这两个指标在制造商研发飞机时往往很难预测。

最后，在新机型上选择应用新技术时，制造商还要抉择是仅在原有技术上稍做改进，还是进行技术变革。例如，空客采取了产品纵向差异化策略，在 A320 飞机③上应用了电传飞行控制系统（fly by wire system），

---

① 译者注："彗星"客机是由英国德·哈维兰公司研发的喷气式飞机，也是全球首款商用喷气式飞机。1949 年"彗星"原型机首飞，1952 年正式投入运营，载客量 56～109 人。受一连串空难等影响，"彗星"于 20 世纪 60 年代中期陆续退役，共生产了 49 架。

② 发动机供应商美国通用电气（GE）公司承诺交付一款能为载客 300 人、航程 7 000 海里（1 海里＝1.852 千米）的飞机提供动力的发动机，但是未能遵守承诺，结果新加坡航空取消了价值 20 亿美元的 MD-11 订单，转而订购了空客 A340。（*New York Times*，3 August，1991）

③ 译者注：A320 系列飞机是空客公司制造的一系列中短程双发窄体客机。A320 系列飞机载客量从 100 至 220 人不等，是空客公司最畅销的产品。2020 年 10 月 9 日，空客公司交付生产序号第 10000（MSN 10000）架 A320 系列飞机（A321neo）给中东航空公司。

是基于当时既有技术做出的改进。而波音公司劝说各航空公司不要购买 A320,而是等待他们推出配备新发动机的新机型,声称该发动机将采用革命性的无涵道风扇(unducted fan)技术。遗憾的是,这项技术并不像波音公司预想的那样快速成熟,让 A320 得以在市场上站住了脚。若波音公司预测正确,A320 就会成为市场上的败方。

在推出产品的过程中,研发成本与制造成本是另一个需要权衡的因素。如果制造商选择冒着被其他公司先行抢占市场的风险,花更多的时间研制新机型,就可以利用这段时间设计一个更好的生产线来降低生产成本。一家制造商如果推出新机型的动作比其竞争者快,就能抢到更多的市场订单,随之产生的动态规模经济也能形成较大的成本优势。鉴于任何一款机型的潜在市场规模都不算大,能否抢占先机往往决定成败。一款新机型抢先进入市场,会严重影响竞争机型的市场导入,波音 747 和空客 A320 就是很明显的例子。

2.4　产业组织和多源采购

由于上述的重重风险,按业内的说法,推出新机型就是要"赌上身家性命"。因为每一步都关乎企业能否存续,制造商在推出新机型方面并不太积极也就可以理解。而矛盾的是,过分的谨慎又意味着要将市场拱手让给更勇敢的竞争对手。飞机制造商应该如何应对这些相互矛盾的需求呢?

其他行业通常通过纵向一体化或者合资的方式来应对新产品投资大、风险高的问题(Carrol,1975:164)。在新政(New Deal)①之前,航空

---

① 译者注:是指美国总统富兰克林·罗斯福上任后在 1933—1936 年期间所推行的一系列经济改革计划,包括企业合并、解决就业、金融改革,最终使美国从大萧条中走出来。

公司、发动机制造商和飞机制造商之间的纵向一体化是政府特意策划的。当时，美国飞机市场主要由三家纵向一体化的跨国公司占据主要地位，其中的一家由美国联合航空公司（以下简称"美联航"）[①]、波音公司和普惠公司[②]整合而成。新政的出台将纵向一体化列为不合法行为，瓦解了这三家公司（Mowery and Rosenberg，1982：104 - 105）。

如今，飞机制造公司和航空公司的经营活动已经相当全球化，并且很容易受政府影响，纵向一体化战略已不再可行。于是飞机制造商采取了合资的方式来分摊投资风险。发动机供应商和次级零部件供应商通常要承诺分担很大程度的风险才能获得订单，航空公司也经常通过提前确认新机订单和预付资金等方式来分担风险。然而，预付款金额不可能多到确保飞机制造商能够实现盈亏平衡（Milner and Yoffie，1989）。即使制造商可以通过不同的合资方式来分担风险，但其中涉及的风险巨大，仍然无法完全规避。

20 世纪 70 年代中期之前，美国还不太重视国外的航空运输市场，国外的飞机制造商对美国来说也不足为虑。美国航空公司即便深知集中下订能够享受更多的成本优势，也一再选择不把订单集中给一家制造商，让这家制造商成功。

商用飞机产业看似理应属于自然垄断，但却并非如此。市场中

①　译者注：美国联合航空运输公司成立于 1929 年，是由当时的波音公司和普惠公司组建的一个大型的、垂直整合的公司，它将航空各个方面的商业利益结合在一起，随后又有几家航空公司加入，为民航和军用航空的所有航空市场提供服务。1934 年，美国政府认为，诸如联合航空运输公司这样的大型控股公司具有反竞争性，并且通过了新的反托拉斯法，该法律迫使联合航空运输公司被拆分为三家独立的公司，分别为联合飞机公司（后来的联合技术公司，普惠母公司）、波音飞机公司以及美国联合航空公司。

②　译者注：普拉特·惠特尼公司，简称普惠公司，成立于 1925 年，美国飞行器发动机制造商，世界三大航空发动机制造商之一，主要竞争对手为美国通用电气公司和罗尔斯-罗伊斯（以下简称"罗罗"）公司，并与这两家企业建立了合资公司。普惠公司也生产工业、海上和铁路用燃气涡轮发动机，以及火箭发动机，是雷神技术公司的子公司之一。

始终存在至少两种相近的竞争机型。例如,麦道 DC－8[①]、波音 707[②] 和康维尔 880[③],麦道 DC－10[④] 和洛克希德 L－1011[⑤],麦道 DC－9[⑥] 和波音 737[⑦] 等。在每一代竞争机型中,总有一个绝对的赢家(或输家)。赢的一方可以大批量生产制造飞机,输的一方则要承担巨额损失。赢的一方不仅能从学习曲线中获利,还能做到使飞机的价格覆盖(固定和可变)成本甚至低于市场生产成本的平均值

---

① 译者注:DC－8 是美国道格拉斯公司研制的四发大型喷气式客机,1955 年 6 月开始设计,1958 年开始生产。DC－8 于 1972 年停产,被更大的 DC－10 所取代。DC－8 是 20 世纪 50 年代波音 707 的最大竞争对手,载客量为 177～259 人。

② 译者注:波音 707 是波音公司在 20 世纪 50 年代研发的首款四发喷气式飞机,载客量为 140～189 人。波音 707 并非世界上首款喷气式飞机,但却是第一款取得成功的喷气式民用客机,并因此支配了 20 世纪 60—70 年代的民航市场,开启了"喷气时代",使波音公司取代道格拉斯公司成为最大的民航飞机制造商之一,并在之后发展出各型号 7X7 喷气式飞机,而波音 727、737 和 757 都是以波音 707 机身为基础制造的。

③ 译者注:康维尔 880 是一款由康维尔公司研制的窄体四发喷气式客机,于 1959 年首飞,在当时曾被一些航空期刊称为世界上速度最快的客机。该飞机是康维尔公司用来与波音 707 和麦道 DC－8 等四发喷气式客机竞争的机型。与前两者相比,康维尔 880 虽然速度更快,但载客量较小,其客舱一排 5 个座椅的布局亦不受航空公司的青睐。同时,与竞争对手相比,康维尔 880 的价格和运行成本都偏高,因此该机型并未取得商业上的成功,仅在 1959—1962 年生产了 65 架。

④ 译者注:DC－10 是道格拉斯公司生产的三发宽体客机。1970 年 8 月 29 日首飞,1971 年 8 月 5 日由美国航空公司率先投入营运,1989 年最后一架 DC－10 交付给了尼日利亚航空公司,至此该型号共生产了 446 架(包括 60 架交付美国空军的 KC－10A)。

⑤ 译者注:洛克希德 L－1011(三星客机)是一款中长程、宽体三发喷气式客机。它是继波音 747 和 DC－10 后,第三款投入商业运营的宽体喷气式客机,亦是洛克希德公司的唯一一款喷气式民航客机。在 1968—1984 年洛克希德公司生产了 250 架三星客机,之后就因销量不佳严重亏损,结束了商用飞机业务。

⑥ 译者注:DC－9 是道格拉斯公司在 20 世纪 60 年代研发出来的双发民航客机,是为了与波音 727 抗衡而制造的。该机型短航程、单层、单通道。其最大的特点就是后挂式双涡轮风扇发动机以及 T 形尾翼(俗称"T 尾")。此型飞机致命事故间隔为 106.9 万小时,为竞争对手波音 727 的一半,属事故率较高的机型,后经大幅改良成为 MD－80 及 MD－90 等系列的前身,最后版本原名 MD－95,被波音公司收购后更名为波音 717。

⑦ 译者注:波音 737 系列飞机是波音公司生产的中短程双发喷气式客机,原本是波音 707 和波音 727 的衍生机型,至今已发展出 14 个型号。首架波音 737－100 于 1967 年首飞,1968 年 2 月投入商业运行。2018 年 3 月,第 10 000 架波音 737 被交付给美国西南航空公司,使波音 737 成为世界上首个交付量达到 10 000 架的喷气式客机。在波音 737 MAX 事件前,波音 737 被誉为世界销量最好的飞机。

(Carrol，1975：158-159)。

2.5　政府干预与市场竞争

　　根据对历史资料的分析,美国政府对其商用飞机产业采取了一种并非有意为之却行之有效的权宜之计。与莫兰和莫厄里的观点一致,美国国内政策框架为其处在襁褓中的民用航空产业提供了重要支持,类似于日本在 20 世纪 90 年代如何支持其弱小的半导体工业(Moran and Mowery，1991：5)。美国政府采用过的政策支持有多种形式,包括优先采购军用飞机、支持军民技术研发、提供贷款担保,以及鼓励航空公司通过更新机队而非用价格战进行竞争。

　　所有的美国商用飞机制造商,至少在发展的关键时期,都曾是政府的军事防务合同承包商。政府的巨额采购为制造商们提供了研发(甚至生产)商用飞机的资金。例如,波音公司前 20 年在商用飞机领域一直处于亏损状态,空客公司前 20 年同样如此(Office of Technology Assessment，1991b)。波音公司之所以能够承受这些亏损,完全是因为在军事业务上有所作为。至少在整个 20 世纪 60 年代,军用市场的稳定性与高利润,弥补了商用市场的不稳定和低利润[1],军用市场对商用市场无疑起了"隐形补贴"的作用。

　　在一些关键时刻,政府采购为摇摇欲坠的商用飞机制造商提供了一张"安全网",在商用飞机业务遇到困难的时候保证制造商仍有稳定的经济收入。20 世纪 80 年代初,美国空军采购了 60 多架 KC-10[2],

---

　　[1]　卡罗尔(Carrol)利用模型将美国飞机制造商的销售业绩和利润归为政府或商业运作成果,发现了这种亚竞争或超竞争的利润模式(Carrol，1975)。
　　[2]　译者注：KC-10 加油机是 DC-10 三发飞机的军用机型。

该机型除了加油设备以外，与 DC‑10 没什么差别。若不是这笔订单，麦道公司很可能无法维持 DC‑10 的生产，也等不到 20 世纪 80 年代后期市场好转以研发衍生机型 MD‑11[①]。

政府还通过资金支持军用和民用飞机研制来扶持商用飞机产业。1915 年，美国建立了国家航空咨询委员会（National Advisory Committee on Aeronautics，NACA），为军民通用技术的发展提供资金支持。1958 年，NACA 与美国航空航天局（National Aeronautics and Space Administration，NASA）合并，但资金支持并没有停止。虽然 NASA 用于航空方面的研发经费与战后美国政府为防务和航天项目提供的研发经费相比显得微不足道，但 NASA 直接参与多项合作研究项目并发挥了重要作用（Moran and Mowery，1991：5）。

二战后，美国政府通过支持军事防务研制项目，为商用飞机产业提供了许多技术，在其关键时期，甚至提供了厂房[②]。

> 波音 707 空中加油机卖出了几百架，而波音 707 就是在向政府租来的厂房中生产的。洛克希德公司推出过 C‑130、C‑141 和 C‑5A 的商用机型（即 L‑1011 和 DC‑10），波音 747 采用了 C‑5A 飞机的先进发动机技术。简单来说，每一代民用飞机新机型的推出在极大程度上都依赖了军用技术的发展（Carrol，1975：148）。

哈佛商学院近期一份关于飞机产业的分析案例指出，通过军事拨款为喷气发动机、大型机体和机翼、先进航电系统等研发提供大量

[①]　The Big Six：A Survey of the World's Aircraft Industry，by J. Andrews，*The Economist*，Vol. 295：Special Survey，June 1，1985，p. 10 and OTA，*Government Support of the Large Commercial Aircraft Industries*，p. 40.

[②]　当然，美国国防部资助的技术不但使美国制造商受益，欧洲制造商最终也从中受益。但是，美国制造商在设计和使用这些技术时，有先发制人的优势。

经费支持，使波音公司、麦道公司花很少一部分资金就能让学习曲线下降①。

尽管美国制定的政策并不能确保国内飞机制造商取得商业成功，但是对商用飞机制造商提供研发经费支持、用大量军事合同储备订单"托底"，以及不让这些承担巨额军事项目的承包商因"商"而废等举措（Carrol，1975：162），都激励了美国飞机制造商进行有风险的商业投资。政府还会在有需要的时候，为其提供必要且可观的资金支持。军事项目承包商面临破产时，政府通常会进行援救。比如，1967 年，美国联邦政府提供贷款担保并在反垄断审查上持宽松态度，鼓励了麦克唐纳公司和道格拉斯公司的"联姻"。1971 年，一笔 2.5 亿美元的担保贷款又把洛克希德公司从破产边缘挽救回来。观历史，知未来，麦道公司面临的商业困难如若有一天威胁到其军事业务，美国政府仍然会采取某种形式的援救措施②。

最后，虽然美国政府在 1980 年通过的航空运输业相关规定不是直接针对民用航空产业，却对二战后民用航空产业的发展起了关键作用。由于限制了市场准入和机票价格，美国航空公司只能通过采购新机型，进而提升飞机性能和服务质量来展开竞争。如此一来，监管推动下的巨大国内市场需求为制造商的技术创新打下了坚实基础。

美国政府监管下的航空运输市场在一定程度上成为推动美国商用飞机出口的"跳板"，这一做法很符合战略贸易理论，也与日本一些其他以出口为主的行业做法相似（Moran and Mowery，1991：5）。

---

① Collision Course in Commercial Aircraft: Boeing-Airbus-McDonnell Douglas, 1991, Case No. 9-391-106, Harvard Business School, 1991.

② 麦道当前困境和美国可能的政策应对参见后续章节。

总而言之,美国政府在研发、采购、贷款担保和航线监管等方面的措施,刺激了飞机产业的需求和竞争。美国飞机制造商不必为了推出一款新产品而拿整个公司的前途做赌注,他们要赌的仅仅是商用飞机业务,有时候甚至无须太多利润回报。当然,在产业经济范畴,扩大竞争会降低生产效率。在其他条件不变的情况下,多源采购的平均生产成本会高于单一来源采购的平均成本。另外,飞机制造商会重复开展新技术研究,使资源无法得到合理配置。但航空公司却能通过更大程度上的横向、纵向和短期产品差异获得利润补偿,乘客也随之获益。

随着 20 世纪 80 年代航空运输业监管制度的废止,NASA 和美国国防部研究支出滞而不增,军用技术对商用飞机产业的贡献明显减少①,美国产业政策对商用飞机产业的支持作用已经不再像 15 年前那么重要了。但是鉴于此行业的生产和竞争动态,过去的历史发展和当前的市场结果是与过去的政策干预分不开的。例如,尽管时过境迁,军机销售如今对波音公司已没那么重要,但波音 747 在大型远程喷气式客机市场的垄断地位,以及波音公司在行业中的主导地位,都得益于在美国军方资助下发展起来的发动机技术和设计优势。波音公司虽然把宝押在了高风险的波音 747 项目上,但这么做的前提是当时公司的军事业务占了相当大的比例,而且肯定不会出现任何闪失。

即使在航空产业的全盛时期,美国的产业政策也主要是针对军事项目而制定的,多数情况下都属于无意中对商用飞机产生了影响。例如作为美国政府军事承包商的洛克希德公司,在它的商用飞机业务面临破产和退出市场时,政府并未直接施以援手。美国政府也未对商用

---

① 莫兰和莫厄里指出,用于军事目的的高性能航电技术可能会产生商业溢出效应(Moran and Mowery,1991:8)。

飞机的研制和生产提供直接的财政支持。唯一例外是由政府支持的超声速客机项目(SST)①，该项目设立的初衷是为了应对英法联合研制的超声速客机。出于环保方面的考虑，超声速飞机(因噪声太大)被限制在水域上空飞行，市场因而缩小，于是美国政府干脆终止了对超声速客机项目的资助。根据美国技术评估办公室的估计，美国政府大概投入了 10 亿美元，NASA、美国交通部和美国联邦航空局也有投资，超声速客机项目中最具潜力的 10 项技术都被用到了商用亚声速飞机上，在波音 757② 和波音 767③ 飞机上也有应用(Office of Technology Assessment，1991a：90)。

尽管欧洲声称支持空客公司以及早期未成功的飞机项目是出于军民两用的目的，但与美国政府的干预相比，欧洲的支持政策还是以商业目的为主。与美国商用飞机制造商一样，空客联合体的各成员企业都是军方的供应商。欧洲飞机产业也出现了军用和商用领域之间的协同作用和溢出效应，很多技术突破也是军民共用的。但"两用"并不是政府支持空客公司项目的决定因素，起决定作用的还是其商业目的。

政策干预形式上的差异反映了欧洲和美国的不同目标。直接财政资助一直是欧洲政府支持空客的主要方式，支持措施也很多样，包括政府采购、贷款、优惠贷款担保、汇率损失担保、股权注入、减税、债务减免

---

① 译者注：波音 2707，是波音公司首次研发的超声速客机项目，也是美国历史上至今唯一一种由美国政府直接主导出资的民航客机研发项目。美国政府最终在 1971 年撤销了对这个项目的投入，在 2 架原型机完成之前就终止了整个项目。

② 译者注：波音 757 是波音公司研发的中型单通道窄体民航客机，用于替换波音727 及波音 737 原始机型，并在客源较少的航线上作为波音 767 的补充。波音 757 于 1983年投入服务，并于 2005 年 11 月 18 日停产，共生产了 1 050 架。

③ 译者注：波音 767 是美国波音公司研发的中大型、长航程、宽体双发喷气飞机，用来与空客 A300 和 A310 竞争。波音 767 最初的设计定位是一种比波音 747 略小型的宽体跨洲航线客机，载客量在 181～375 人之间。波音 767 与另一款窄体客机波音 757 在同一时期研发，因而两者很多特点都很相似，主要的差异在客舱宽度、航程与载客量上。

和紧急援助等①。最近被频繁引用的一个数据是空客公司 20 多年来得到的资助总额为 250 亿～260 亿美元②。

洛克希德 L－1011 和空客 A300③ 的研制过程极为不同，充分展现了直接财政支持对产业发展的显著作用。美国技术评估办公室最近一份报告中提到：

> 洛克希德公司是一家承担大量军事业务，同时拥有丰富商用运输工具生产经验的公司，在参与军用 C－5 运载项目的过程中，掌握了制造宽体飞机的技术。空客公司是新组成的联合体，成员企业都缺乏设计和生产宽体飞机的经验。洛克希德 L－1011 研发出来后第一年就卖了 73 架，而空客公司实现这一销售目标用了 7 年。在这期间，空客公司一直是在亏损状态下生产飞机，产品积压导致成本陡增。空客公司生产飞机的前 10 年，A330④ 和 A310⑤（需要额外投资的衍生机型）的交付总量大致与 L－1011 持

---

① 例如，1988 年，德国政府免除了德国空客公司合作伙伴超过 10 亿美元的 A300 和 A310 研发贷款。

② "包括高额的未付的政府补贴贷款利息。"1992 年 2 月 27 日，美国商务部负责国际贸易的副部长 J. 迈克尔·法伦（J. Michael Farren）在联合经济委员会会议上的发言中透露。据波音公司透露，欧洲给空客公司的总补贴为 26 亿美元，等同于每架售出的飞机补贴 800 万美元。

③ 译者注：A300 是空客公司设计生产的第一款喷气式飞机，1972 年开始投入生产，2007 年 7 月宣布停产。A300 是继波音 747、麦道 DC－10 和洛克希德 L－1011 后第四款投入商业运营的宽体客机，也是世界上第一款双发宽体客机，当初设计为单舱布局，最多可载客 300 人，因此命名为 A300。凭着 A300 的成功，空客以此为基础发展出改良型 A310，以及新型的 A330 和 A340。

④ 译者注：A330 是一款由空客公司生产的双发中远程宽体飞机，用于取代 A300、A310，与四发的 A340 同期研发。1987 年 6 月空客公司决定将 A330 和 A340 这两个型号作为一个计划同时上马。其概念为：一个基本的机身有相同的机体横截面，以 2 台或 4 台发动机作为动力装置，可以提供 6 种不同的构型，覆盖 250～475 座、从地区航线到超远程航线，提高通用性。

⑤ 译者注：A310 是空客公司研制的中短程双通道宽体客机，在 A300B 的基础上缩短了机身，有了新的机翼，采用双人机组，两舱布局下，载客量为 220 人。

平。L－1011 大约亏损 40 亿美元,没有数据显示空客公司在此期间的亏损数额,但是合理推断是与洛克希德公司差不多的。即便如此,空客公司不久之后就推出了 4 款新机型和 2 款衍生机型,而洛克希德公司却被迫退出了商用飞机市场……洛克希德公司与空客公司命运之所以不同,很大程度上是因为政府的财政支持方式不同。

空客公司获得的大部分支持是资金援助和长期低息贷款(见表 2.2①),截至 1990 年底,法、英、德提供的资金支持达 56 亿美元,空客公司只还了 5 亿美元,另外政府还保证会出资 23 亿美元用于新一代 A330 和 A340 机型的研发。德国政府又追加了 30 亿美元,用于空客联合体德方成员企业戴姆勒和 MBB 的兼并费用。这些资金大约占了至今为止(1991 年)空客各机型研发资金的 75％。②

原则上,欧洲政府提供的资助是需要偿还的,但前提是资助研发的产品实现盈利,且并不要求接受资助的公司使用其他非空客业务的收入来偿还。这样操作的最终结果是由政府而非公司来承担重大风险,用来做赌注的不是公司资本,而是公共基金。公共保险为公司承担风险,鼓励空客联合体积极地推出新产品、开拓新市场和研发新技术。事实证明,20 世纪 80 年代,空客公司在引进新技术方面比麦道公司和波音公司都更积极主动。

与美国的商用飞机制造商一样,空客公司也受益于政府在出口销售方面的援助。美国政府主要通过进出口银行为制造商提供出口融

---

① 空客公司获得的总补贴估计在 250 亿～260 亿美元之间(补贴借款利率的影响已计入)。欧洲政府坚持认为,在衡量对空客公司的补贴时,适当的资本成本应该是政府资金成本,而美国坚持认为资本成本应该按照商业利率来计算。美国商务部提出的 259 亿美元的估算值就是基于商业利率计算的。

② 该估计是基于美国的数据计算的,但是根据美国商务部官员的说法,欧洲普遍认为这仅是一个大致的数据(Office of Technology Assessment,1991a:197)。

表 2.2　1988 年空客公司得到的公共资助① （按国家和机型分类）

单位：10 亿美元

项　目	A300 和 A310				A320④				A330 和 A340				各 国 总 计			
	法国	英国	德国	总计	法国	英国	德国	总计	法国	英国	德国	总计	法国	英国	德国	总计
承诺额	1.2	0.1	3.0	4.3	0.7	0.4	0.9	2.0	0.8	0.7	1.6	3.1	2.7	1.2	5.5	9.4
支出额	1.1	0.1	1.5	2.7	0.7	0.4	1.0	2.1	0.3	0.3	0.3	0.9	2.1	0.8	2.8	5.7
按政府借贷利率计算价值②	3.3	0.3	3.1	6.7	1.2	0.6	1.1	2.9	0.3	0.4	0.3	1.0	4.8	1.3	4.5	10.6
按企业借贷利率计算价值③	7.5	0.3	5.7	13.5	1.8	0.7	1.2	3.7	0.4	0.4	0.3	1.1	9.7	1.4	7.2	18.3

资料来源：Office of Technology Assessment, Competing Economies: America, Europe, and the Pacific Rim (Washington: Government Printing Office, October 1991) from US Department of Commerce data.

① 数据包含所有资助，其中包括提供给法国 ATR42 和 ATR72 等非空客飞机项目的资金。法国、德国和英国的官员认为这些数字是准确的。欧洲各国政府和公司都不曾对公共支持性的问题做过如此详尽的讨论，因而无法指责以上数据是否超出真实水平。但鉴于空客公司不是欧洲当前获得公共财政资助最多的飞机制造企业，这些数字有可能略偏高。

② 1988 年 12 月 31 日的资金支出额，包括按政府规定比例（10 年期国库券）计算的利息支出。在此期间支出不稳定和偿还贷款因素的影响都已考虑。按照 1988 年底的汇率计算。

③ 1988 年 12 月 31 日的资金支出额，包括按企业优惠利率计算的利息支出。在此期间支出不稳定和偿还贷款因素的影响都已考虑。按照 1988 年底的汇率计算。

④ 空客 A320 加长型 A321 的研发未得到政府资助，但得到了欧洲投资银行的贷款。这项财政资助不是出于项目的考虑，而是由于空客的贷款资格得到了成员国的责任担保。

资，在国内市场疲软或美国制造商的业务受到威胁时，这种融资支持尤为重要①。欧洲也有出口信贷机构，主要任务是为本国制造商提供相等或者优于竞争对手的条件。20 世纪 70 年代后期，当空客公司试图进入美国市场时，美欧之间就展开了一轮紧张的大额度出口融资竞争。为了避免类似情况再度发生，1981 年美欧达成双边协定，并于 1985 年正式将其纳入经济合作与发展组织（Organization for Economic Cooperation and Development，OECD）条约②。该协定限制了政府为商用飞机采购提供资金支持的最长期限和最低利率。此后，由于受协议限制，金融市场发展也改变了飞机采购方式，出口融资不再是政府干预的首要手段。

欧洲政府也采用了各种手段支持空客公司开拓海外市场，购买空客飞机的国外航空公司可以获得额外航权和航班时刻，以法国为代表的一些欧洲政府，还鼓励对销贸易和易货贸易（Office of Technology Assessment，1991a：227）。美国政府有时也采取一些鼓励措施，但更多针对的是军机销售，尽管军民飞机销售往往是关联在一起的③。由于这些鼓励措施不方便记录，很难量化，因此无法判断欧洲政府和美国政府谁的支持力度更大。但可以肯定，欧洲各国和美国政府都实施过鼓励和引导政策，只是在 1986 年双方签订了非正式双边协定后，停止了类似做法。

欧洲政府虽然没有严格规定欧洲航空公司必须购买空客飞机而不能采购美国竞争对手的产品，但却通过多种渠道间接施压。20 世纪 80 年代，政府通过对航空公司全部或部分持股来发挥一定的影响作用。

---

① 1967—1977 年，进出口银行给商用喷气式飞机提供了 58 亿美元贷款（Office of Technology Assessment，1991a：98）。

② 根据大型飞机谅解备忘录（Large Aircraft Sector Understanding），允许美欧以美国国债收益率为基准提供 10—12 年的贷款。

③ 考虑到美国和以色列的军事合作，以色列国家航空公司坚持用全美国飞机机队恐怕不是巧合。

不可否认,空客公司与欧洲航空公司之间的业务往来明显多于美国。部分原因是空客公司设计的产品考虑到了欧洲市场的特点,A300 针对的就是高密度、短途的欧洲航线。法国航空公司和汉莎航空公司的机队全部是空客飞机,即使美国也完全可以提供同类型的竞争产品——波音 757。但如果说欧洲市场存在采购偏好,对美国产品形成了市场进入壁垒,这种说法也很难服众。1988 年,欧洲航空公司运营了大约 1 000 架波音飞机,相比之下,美国市场只有 56 架空客飞机。

政府这只"看得见的手"通过操纵政策,在很大程度上影响了战后全球航空业竞争。下面将简要介绍竞争历史,一是为证明不同产业政策对市场行为和市场运作的影响,二是为说明政府对某一规模经济性显著的产业进行干预会产生长远影响。历史资料证明,美国隐性产业政策不但促成了本国企业在 20 世纪五六十年代全球市场地位的上升,也继而导致了企业地位的下降。历史也明确揭示了欧洲实施直接的产业政策,特别是提供启动资金,影响了空客公司在新技术应用上的选择,而空客公司的选择又在 20 世纪 70—80 年代对技术创新的步伐产生了影响。对比之下,便可看出政府干预对商用飞机产业具有深远影响。

第 3 章
飞机创新、产业
政策和市场行为

商用喷气式飞机的历史可以分为两个进程、四个阶段。第一个进程(1952—1972年)两个阶段的发展都以发动机技术突破为基础。20世纪50年代，涡轮喷气发动机的出现引领航空业进入喷气式飞机时代，代表机型是波音707和DC-8。20世纪60年代，涡轮风扇发动机让波音747和DC-10等远程飞机成为可能，这些机型被称为宽体客机，用以区别第一阶段研发的单通道窄体客机。无论是涡轮喷气发动机还是涡轮风扇发动机，都是彻底改变飞机制造业的革命性创新，它们改变了美国各家主制造商在市场中的竞争地位，形成了美国商用飞机产业的世界霸主地位。

商用飞机产业的第二个进程始于1978年，在此期间没有发生上述那样革命性的技术创新。相比之下，国家和企业致力于研发更高效和差异化更大的产品来取代上一代飞机，以满足这一阶段迅速扩大的全球市场。20世纪80年代，新一代窄体机问世；20世纪90年代，新一代宽体机进入市场。

1978年之后，全球航空业的主要变化是空客公司崛起为一个实力雄厚的竞争对手。在欧洲以市场为目标的产业政策的帮助下，空客公司在商用飞机发展中取得了技术上的领先地位，并在20世纪80年代加快了推出新产品的步伐。美国企业在窄体机和宽体机市场都感受到了来自空客公司的威胁。

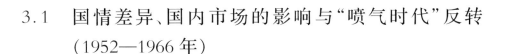

3.1　国情差异、国内市场的影响与"喷气时代"反转（1952—1966年）

　　喷气技术是欧洲的发明。全球第一款商用喷气发动机、第一架喷气式飞机、第一架超声速飞机都是欧洲研制的。然而在空客公司成立之前，欧洲的技术优势并没有转化为商业上的成功。相反，欧洲人发现从得到适度保护和大量补贴的美国企业那里，反而能买到更便宜、更好用的飞机。在启动空客公司的项目之前，欧洲对美国在商用飞机领域的主导地位感到焦虑，正如今天美国对日本在电子工业领域的主导地位感到焦虑一样。

　　喷气技术的革命性体现在两个方面。第一，它是对活塞式发动机和螺旋桨等传统技术的突破。二战之前，美国在理论空气动力学和高速研究基础设施两方面都落后于欧洲，欧洲正是以这两项为优势发展了喷气技术。相比之下，美国几乎把所有精力都放在了产品的工程问题上。爱德华·康斯坦特（Edward Constant）认为，"美国工程师将未能提出喷气式飞机的概念归咎于美国人对航空设计基础理论知识的缺乏"（Constant，1980：241-246；Mowery and Rosenberg，1982：130）。第二，随着喷气技术的应用，飞机研发和生产成本直线上升，推动了国内和跨国企业规模和市场结构变革。喷气技术只有在大规模、一体化的市场中应用才能体现经济性，因为只有这样的市场才能满足规模经济和竞争原则。二战之前，通过大量政府干预①，美国当时已经研制出

---

　　①　莫厄里和罗森伯格将民用航空委员会规章和这些规章对机体创新的影响表述为："国会一直对航空运输业的乘客安全和监管政策方面表示不满，这导致了1938年民用航空委员会的成立。通过发放运营许可证和监管机票价格，该委员会在1938—（转下页）

全球最好的商用飞机，发展出全球最完善、规模最大的商用航空体系（Constant，1980：244）。在喷气技术出现时，相比于欧洲制造商，美国庞大的国内市场让美国飞机制造商获得了绝对的成本优势。至20世纪60年代初，国际竞争压力主要源自在规模上的竞争，欧洲各国最终认识到必须共同"以欧洲为市场，建立欧洲飞机产业"①。为了应对美国制造商在市场规模方面取得的竞争优势，空客联合体应运而生。

全球第一款商用喷气式飞机是英国研制的"彗星"。"彗星"的研制始于1946年，说明英国在美国之前就已经掌握了研制喷气式飞机的技术。"彗星"1949年首飞，1952年投入运营（比美国第一款商用喷气式飞机波音707早6年投入运营）。国际航空公司的订单接踵而至。从某种意义上来说，波音公司和道格拉斯公司后来能在市场上占有一席之地，完全是因为"彗星"遇到了结构上的金属疲劳问题（Philips，1971：124）。

"彗星"的推出当即刺激了美国制造商。二战开始之前的10年里，道格拉斯公司的DC - 3飞机②以性能优势垄断了美国市场，其他美国商用飞机制造商主要靠军事合同维系生存。战争进一步固化了这些飞机制造商的市场地位，道格拉斯公司始终处于主导位置。20世纪50年代，美国只有波音公司、康维尔（Convair）公司、道格拉斯公司和洛克希德公司这4家企业具备生产制造民用喷气式飞机的技术和资金资源。

（接上页）1978年期间有效地控制了航空公司的定价政策，以及市场准入和准出条件。在整个二战结束后时期，这些手段被用于阻止航空公司进入定期干线运营和开展价格竞争。民用航空委员会还控制向航空公司授予航线，即主要城市对航线可由多家航空公司运营，不太重要的航线通常只允许一家航空公司运营（Mowery and Rosenberg，1982：141）。"

① Report of the Committee of Inquiry into the Aircraft Industry, cmnd, 2538, London，1971（the Plowden Report）.

② 译者注：DC - 3是一款由道格拉斯公司生产的双发螺旋桨飞机。它是DC - 2的改良版，提供多个民用或军用版本（C - 47），这使它成为最受欢迎的螺旋桨飞机之一，同时因其在二战中的表现，该机型被认为是航空史上最具代表性的运输机之一。1945年8月，毛泽东参加"重庆谈判"乘坐的就是DC - 3飞机。

它们在这一时期的市场行为和财富积累证明了在喷气时代,规模经济和政府干预的重要性。

波音公司于 1952 年开始研发波音 707 机型,当时该公司已经淡出商用飞机市场近 20 年。1949 年,波音公司试图用“同温层巡航者”①打入市场,这虽然是当时速度最快、最豪华的一款飞机,但因成本太高,最终以失败告终。相比之下,波音公司的全喷气式轰炸机 B-47 和 B-52 却取得了巨大成功,使该公司的喷气技术远远领先于美国其他飞机制造商。在这个背景下,波音公司在喷气式飞机领域迈开了大胆而谨慎的一步。说其大胆,是因为它的目标是要率先进入市场;说其谨慎,是因为它按照军民两用的目标进行设计,有两条路可以走(McDonald,1953:217)。

在商用飞机技术方面已经颇具实力的洛克希德公司和道格拉斯公司,却决定暂缓应用喷气技术。在对公司发展前景做了认真分析后,洛克希德公司得出结论:要么推出远程宽体喷气式客机,要么推出中程涡轮螺旋桨客机,只能二选一。由于英国在喷气式飞机领域处于领先地位,R. E. 罗格斯(洛克希德公司的所有者)认为,美国商用飞机产业需要得到政府支持才能迎头赶上。当时,波音公司通过生产军用喷气式轰炸机和空中加油机获得了生产喷气式飞机的优势,洛克希德公司决定不参与竞争(Rae,1968:211)。

1952 年,基于对油耗的判断,很多人都认为涡轮螺旋桨飞机的商业前景要好于喷气式飞机。当时的美国航空公司总裁 C. R. 史密斯后来解释了他为什么做出了这种错误的预测:

---

① 译者注:波音 377 飞机,又称“同温层巡航者”(Stratocruiser),是波音公司在二战后研制的一款四发远程螺旋桨客机,采用双层机舱。1947—1950 年该机型共制造了 56 架。

当时，没人能料到喷气发动机油耗高的问题能这么快得到解决。如果不是军方提出要求，这个问题也解决不了。正是军事需要为解决这个问题提供了大量的资金支持（Rae，1968：207）。

　　也是在1952年，道格拉斯公司首次认真研究了应用喷气技术的可行性。其报告揭示了创新型市场需求的不确定性：

　　在未来喷气式飞机发动机的规模化应用和维护方面，缺乏或者说没有操作经验和成本数据。成本数据直接影响航空公司是否有意向或者有能力引进喷气式飞机，并顺利适应目前运输市场和航空公司的运营模式，还决定了航空公司能否赚取足够的利润支付设备的更新和维护费用（Dauglas Aircraft Co. annual report，cited in Rae，1968：206）。

　　1953年，道格拉斯公司决定初期先不与波音公司竞争。当时该公司市场地位稳固，想延缓进入投资巨大、技术不确定性极高的喷气领域的速度，尽可能长时间地维持现有状态①。公司当时的决策是：要"晚"进入，只要客户愿意等，越晚进入市场越好。其策略是先开展设计工作而不投入资金，直到订单达到一定数量，能覆盖工装成本为止（McDonald，1953）。

　　然而客户等不了那么久。从1938年到1978年，美国干线航空运输市场准入和机票价格一直是政府在有效控制。由于无法在价格上展开竞争，各航空公司就把尽快引进先进技术的飞机作为一项重要的市场竞争策略。当一家航空公司购买了新飞机，实现服务质量提升，并获

---

　　①　道格拉斯公司与波音公司相似性：道格拉斯公司作为先进入者不愿进行技术革新，后来波音公司作为先进入者也不愿进行技术革新，空客公司是新的竞争者。

得竞争优势之后,其他竞争对手就会迫不及待地订购新飞机。在不存在价格竞争的情况下,只有及时购入新飞机才能应对竞争。因此,美国航空公司尽管原本倾向于购买涡轮螺旋桨飞机,最终还是在1955年决定购入30架波音707飞机,因为其最大的竞争对手泛美航空公司[①]已经将波音707投入运营。

1955年,由于自己的老客户都转向了波音公司,道格拉斯公司决定不等了。用唐纳德·道格拉斯的话说,公司是被迫采取行动的,要么生产喷气型DC-8飞机,要么干脆退出商用飞机市场(Rae,1968:208)。道格拉斯公司有牢固的市场地位,公司能够应对奋起直追所需要的资金和可能遇到的风险。1955年,当道格拉斯公司宣布生产DC-8,多家航空公司立即下单订购,这也体现了公司具有坚实的客户基础。该项目的研发经费由DC-6[②] 和DC-7[③] 获得的利润、贷款、客户的预付款三部分组成(Rae,1968:208)。

美国各航空公司在每个细分市场上挑选了几款竞争机型。在中程航线市场,当时最大的航空公司——泛美航空公司选择同时采购波音707和道格拉斯的DC-8。在中短程航线市场,竞争机型是康维尔和波音720。在更短航程市场,相互竞争的是波音737和道格拉斯的DC-9。飞机制造商展开了激烈的价格竞争,航空公司从中获益。但若不是靠军事业务支撑,这种竞争将导致至少部分制造商破产。

---

① 译者注:泛美航空公司(Pan American Airlines)于1927年成立,主要提供水上飞机服务,随后通过并购成为美国主要的航空公司之一,主要负责南美洲航线。但该公司最终由于经营不善,于1991年倒闭。泛美航空公司在民航历史上功不可没,二战前几乎垄断了全球国际航线,二战后也大力革新民航产业,包括极力推广喷气式客机和发明了计算机订票系统。

② 译者注:DC-6是由道格拉斯公司在1946—1958年生产的一款活塞动力商用客机/运输机,最初是为从事军事运输而设计的,但自二战结束后,道格拉斯公司便将DC-6改为民航运输机,在中远程航线上对抗洛克希德L-1011飞机。

③ 译者注:DC-7是由道格拉斯公司1953—1958年投产的,也是最后的螺旋桨活塞发动机飞机,其直接取代型号是波音707及DC-8。

在第一轮竞争中，康维尔公司是美国最后研制生产一款商用喷气式飞机的公司。1960 年，当康维尔 880/990 投入运营时，波音公司和道格拉斯公司早已抢先占据了商用喷气式飞机的市场。康维尔公司因未收回高额的研发成本而蒙受巨大损失，不得不退出商用飞机市场，回归军事业务（Rae，1968：210）。道格拉斯公司的情况也好不了多少，以低于成本价促销 DC－8 和 DC－9 超出了公司的承受范围。1967 年，道格拉斯公司被迫与军事承包商麦克唐纳公司合并，这场"联姻"由美国联邦政府安排，道格拉斯公司获得了政府信用担保贷款。麦克唐纳公司的军事合同正好填补了道格拉斯公司生产民用飞机的资金缺口（Mowery and Rosenberg，1982：133）。

由此可见，商用喷气式飞机业务如果没有政府的研发支持、军购或合理调配，即使美国这样庞大的市场，也无力支撑两家主制造商同时盈利。在缺少政府支持的情况下，商用飞机市场会不可避免地走向"自然垄断"。欧洲各国由于市场规模小，国防预算也低，很难单独承受这种压力。第二大商用飞机制造国——英国，曾把飞机生产刻意分给两家公司合作完成，但这种分工方式也严重阻碍了竞争（Heyward，1989：83）。尽管英制飞机有着良好的设计，但是由于生产规模小，飞机的生产成本非常高（Rae，1968：212）。

贸易无疑是扩大市场规模的一种方式。有人认为，美国推出的《购买国货法》限制了欧洲飞机产品进入美国市场，是对美国制造商的一种贸易保护，也让欧洲制造商利益受损（Todd and Simpson，1986：194－195）。然而，产业经济的作用可能比"加收 5％关税"还要关键。生产一架喷气式飞机需要各设计环节紧密配合，需要制造商和航空公司共同承担巨大的资金压力。因此，国内制造商在与国内航空公司建立伙伴关系时，就比国外制造商有天然优势，即更容易找到国内航空公司建立关系。本国市场越大，订单就越多，形成了一种良性循环的成本优势。

喷气式飞机研制生产是一个典型案例,说明了一国在国际贸易中取得的竞争优势,首先源于其面向国内市场的生产。

20世纪60年代初,欧洲各国的飞机产业都处于危机之中。英国两大商用飞机企业都要依靠政府生存,而政府无法持续提供大力度的支持。1965年的《普劳登报告》指出:

> 作为一种高附加值、高技术和资金密集型产业,飞机制造"的确是国家应该重点支持的产业类型"。发展飞机制造业的基础是提高效率,实现有竞争力的规模经济,降低研发成本。一方面,解决问题需要欧洲各国通力合作,建立一个以全欧洲市场为基础的飞机制造产业。与美国公司合作"没有前景可言",因为美国没有合作的"迫切需要"。另一方面,欧洲各国的飞机产业都遇到了相同的问题:难以独立生存。

尽管报告很具预见性,欧洲各国还是用了13年才建立起具有约束力的合作伙伴关系。

3.2 大刀阔斧的革新、不明朗的产业政策以及与宽体飞机的竞争(1966—1978年)

与飞机机体的技术创新相比,发动机技术创新是飞机产业发展更为重要的因素。在第一架喷气式飞机问世10年后,涡轮喷气发动机为涡轮风扇发动机所取代,飞机产业进入了一个新时代。涡轮风扇发动机也是英国率先研制的,由罗罗公司首先推出。涡轮风扇发动机利用空气的进气和排气产生更大的推力,但增加大片风扇叶片会引起高温、重量和空气动力方面的问题，曾严重地限制了涡轮风扇发动机的商业前景。而这些问题的解决仍是应美国军方需求，并依赖军方投入的资源，最终促成涡轮风扇发动机大跨度创新，此后各国和飞机制造商都极大地依赖这项技术。

五角大楼需要新型的运输机运送工作人员和武器装备。波音公司、麦道公司和洛克希德公司都在原有喷气式飞机的基础上提出了改进机型。但是军方需要的是比现有机型大 2 倍的"庞然大物"。于是在充足的军费支持下，通用电气公司研发出了新一代涡轮风扇发动机，推力是先前发动机推力的 3 倍。结果是，商用飞机领域的市场竞争不但没有缓和，而且还战火重燃。在通用电气公司推出新发动机设计方案期间，三大美国机体制造商正在为两个美国政府项目展开竞争，一个是军用运输机 C-5A 项目，另一个是为应对英法联合研制协和飞机而开展的超声速运输机项目（SST）。三大制造商都召集了经验丰富的设计团队，并且都从政府资助的项目研发过程中积累了经验。最终，竞争 C-5A 项目的赢家和输家，凭借各自的设计团队和在政府资助下获得的技术突破，展开了新一轮的商用喷气式飞机竞争。

在第二阶段的竞争中，制造商的产品差异化比在创新激励上的差别更加重要。与第一阶段的竞争不同，三家美国飞机制造商都毫不犹豫地开始研制新型宽体飞机，并认为这一轮成败将决定它们长期的市场地位。由于参与过 C-5A 和 SST 项目，三家制造商在宽体喷气式飞机的研发上实际已经起步。可惜的是，对于每家企业都经济合理的决策，对于整个航空产业来说却未必合理。显然，尽管全球市场对商用飞机的需求在快速增长，市场仍无法容纳三款宽体新机型同时盈利。

约翰·纽豪斯（美国军备控制署原署长）对宽体飞机竞争做过深入的研究，他指出美国航空公司提出的中程中型双发客机是最符合市场需求的。然而随着当时的技术限制不断突破，波音公司直接越过了这一选择,推出了四发大型喷气式客机波音 747。洛克希德公司和麦道公司决定迎头赶上,同时推出了两款三发远程客机。这样的决策使三大制造商的利益同时受损,并且给了欧洲制造商发展壮大的机会,使之成了美国的竞争对手。而在此之前,欧洲完全不具威胁性(Newhouse,1982:123)。

事实证明,波音 747 是迄今为止(1991 年)盈利最多的商用飞机,这主要是因为波音 747 飞机在远程市场占据垄断地位,这也让波音公司成为唯一一家在过去 20 年中盈利的飞机制造商。据估计,波音制造每架 747 的成本是 4 500 万美元,售价约 1.5 亿美元[①]。

尽管事后从盈利状况看,研制波音 747 是明智之选,但按照当时"正常的"商业标准来衡量,这是个致命的错误。波音公司在决定推出波音 747 飞机之前并未做市场分析。研制波音 747 完全是为了追赶技术浪潮,而这些技术都是在军事需求下发展起来的(Newhouse,1982:171)。波音公司在 C-5A 运输机项目的竞争中输给洛克希德公司后,就开始研制该运输机的商用机型,即波音 747。在 1966 年,对于大多数民用航空公司的航线来说,这种机型都过于庞大了。

通常情况下,新机型的推出往往反映了市场需求。因此,新机型的设计方案通常都是折中的,并非对每一家航空公司都合适,但也需要大多数航空公司都能接受。波音 747 却不是这样,泛美航空公司是唯一想购买大型商用飞机的美国航空公司,国外的航空公司似乎也没有购买意愿。但不论这一决策是对是错,其他航空公司除了购买波音 747 之外别无选择,因其不愿将重要的市场优势拱手让给泛美航空公司(Newhouse,1982:123)。

---

① Collision Course in Commercial Aircraft:Boeing-Airbus-McDonnell Douglas,1991,Case No. 9-391-106,Harvard Business School,1991,pp. 1-2.

市场上最大买主的战略决策主导了产品选择，这一点反映出航空运输业市场的一个重大缺陷。由于启动订单具有很重要的作用，启动用户在产品选择上的话语权可能超出它在总订单中或规模运行时占的实际比例。泛美航空公司把公司的未来赌在波音 747 上，希望以此获得竞争优势，但这场赌博几乎使泛美航空公司和波音公司双双破产。1969—1972 年，波音公司没有从国内航空公司手中得到过一架波音 747 的订单。1968 年，波音公司在西雅图有 10.1 万名员工，3 年后，员工人数降到了 3.7 万（Newhouse，1982：169 - 170）。波音公司依靠波音 727 客机①所得收入（在窄体飞机市场没有可与波音 727 相竞争的机型）、军购订单获得的利益（1969—1972 年军购订单收入仍占一定比例）和公司重组减员增效的方式渡过了危机。吸取波音 747 的经验后，波音公司转而以市场为导向，并赢得了持久的生产优势。

从长期影响来看，洛克希德公司和麦道公司在宽体飞机竞争中遭受的损失更大。1966 年，美国航空公司提出购买宽体飞机的意向，最终导致两家公司对此开展恶性竞争。基于对旅客运输增长的预测，美国航空公司认为座级 250 人、航程 2 100 英里（1 英里＝1 609 千米）的双发宽体客机最符合市场需要，洛克希德公司当即开始了宽体客机的研制。年底，在超声速运输机项目竞争中输给波音公司后，洛克希德公司调集了最好的工程师推进美国航空公司的项目，想凭借在超声速运输机项目和军用飞机生产上积累的经验，研制出最先进的商用喷气式飞机。来自航空公司的工程师组成一个项目小组，与洛克希德公司一起研究新型宽体喷气式飞机的具体参数。美国航空公司和美国东方航

---

① 译者注：波音 727 是美国波音公司研制的三发中短程民用客机，是全球首款投入商业运营的三发喷气式民用飞机，在被波音 737 取代之前，是世界上最受欢迎的民用飞机。

空公司①想要双发中程飞机,美国环球航空公司②却坚持需要一款宽体远程跨洋飞机,尽管该公司已经为其远程航线订购了几架波音747。最终,环球航空公司的方案胜出,其原因甚至连其他参与了该项目的航空公司也不甚明了。

> 与以往一样,大型航空公司……将自己与另一款并无特殊需要的飞机紧紧地绑在一起,新机型与它们已经购置的波音747没什么不同。航空公司本应该购买座级小一点、航程短一点的飞机,这样盈利更多、损失更小,这一点在燃油价格开始猛涨的时候更为重要。即使是在20世纪60年代末期……中短程航线航空运输量涨幅也更为明显(Newhouse,1982:143)。

1967年初,道格拉斯公司与麦克唐纳公司合并之后,便立即投入宽体飞机市场的竞争。麦道公司的DC-10和洛克希德公司的L-1011机型都是按照大多数航空公司的共同需求研制的。在设计上,两款飞机基本毫无差别。

> 对航空公司而言,洛克希德公司的飞机更具吸引力,但麦道公司本身更值得信赖。所有的航空公司都在合作中获益。航空公司明白,如果订单分散,任何一款飞机都难以获得成功,成本也会更高。如果分割市场,有些市场难免要与波音747竞争,弱的一方就

---

① 译者注:美国东方航空公司(Eastern Air Lines)曾是美国第四大航空公司。该公司于1926年成立,在民航放松管制前一直垄断着纽约与佛罗里达州之间的航班,但管制放松后经历了一系列动荡,最终于1991年遭到清算。

② 译者注:环球航空公司(Trans World Airlines)曾是美国主要的航空公司之一。该公司于1930年由多个航空公司合并而成,经历数十年发展在二战后成为可以与泛美航空公司二分天下的国际航空公司,但最终于2001年申请破产,并被美国航空公司收购。

会被市场淘汰，最后还是客户（航空公司）面对烂摊子（Newhouse，1982：147,155－156）。

然而与实现共同利益最大化背道而驰的是，航空公司、制造商、发动机供应商和政府之间的战略互动行为导致了市场的分裂。这是一个经典的"囚徒困境"，各方本应该协调一致后做出决策，从而使彼此处境变得更好，但是在缺少协调机制的情况下，每一方都选择维护个体利益，结果每一方的利益都受到损害。市场分裂的后果或许就是使美国商用飞机产业遭遇了在其整个历史上称得上是最致命的一击。

在这种形势下，无论洛克希德公司还是麦道公司都无法存活，在没有军事业务的情况下还进行宽体机的竞争，让两者的处境都雪上加霜。DC－10 和 L－1011 相互竞争、L－1011 唯一的发动机供应商罗罗公司退出，以及 C－5A 运输机业务几乎使洛克希德公司倒闭。1971 年，洛克希德公司完全靠政府 2.5 亿美元贷款的支持才化解了破产危机，但也只是暂时缓解（Mowery，1987：39）。为了追求更好的发展，1981 年，洛克希德公司退出了商用飞机市场。

正如前面提到的，军方购置 KC－10 飞机为麦道公司提供了一件"救生衣"，KC－10 只是在 DC－10 的基础上略加修改的机型。但是麦道公司与洛克希德公司在宽体三发喷气式飞机领域竞争所导致的不良后果却持续至今。负责道格拉斯公司飞机业务的杰克逊·麦高恩非常后悔参与了与 L－1011 的竞争，这本不该发生，也不该被允许发生（Newhouse，1982：136）。

麦道公司要是取消 DC－10 项目，可能对自身和其他各方都好……但是公司管理层判断失误，认为把大型三发喷气式飞机市场拱手让给竞争对手，就是朝着退出商用飞机市场的方向迈出一大步。麦道公司也曾考虑过研发另一款宽体双发的飞机，那才是该研发的。欧洲空客项目也在此时（1968 年春）被无限期搁置。如果麦道公司当时启动了宽体双发飞机的研制，空客项目就没机会重见天日了（Newhouse，1982：159）。

此后，麦道公司眼见自己在商用飞机领域的市场份额逐渐被蚕食，与市场一起被蚕食的还有公司赖以发展新一代飞机的资金基础。

前文提到，洛克希德公司与麦道公司在宽体领域的竞争是一种典型的"囚徒困境"。所有的参与方，包括制造商、航空公司和政府在内，如果能保持协作，一起研制一款满足大多数航空公司需求的新机型，或许能实现共赢，而且大家在当时就已经认识到这一点。问题不在于市场信息，而在于面临风险时，如何在市场双方竞争条件不完善的情况下进行协调。

行业发展结果最终是特定产业政策影响的体现。政府通过各种手段来决定谁是竞争者，它们为何而竞争，以及如何竞争。首先，决定竞争者。政府一方面为洛克希德公司提供贷款，另一方面又组织麦克唐纳公司和道格拉斯公司合并，并且通过军事研发项目和订单实施间接支持。其次，决定在哪些方面竞争。政府限定了航线和票价，对 L–1011 和 DC–10 采用的新发动机技术给予研发支持，影响了航空公司之间以及各飞机制造商之间的竞争条件。最后，决定如何竞争。通过提供军事采购支持，政府激发了洛克希德公司和麦道公司之间的恶性竞争。如果没有政府保护，强大的市场激励机制会抑制这种竞争。有了保护，两家公司就在商用飞机领域展开了高风险投资竞争，并确信稳定的军事合同收益能为它们提供保障。它们与军方的联系纵容了这种违反市场秩序的行为。就算市场秩序不算完善，这种做法也本该是行不通的。不论美国政府的意图是什么，美国政府的国防军工政策都在关键的历史时刻对商用飞机产业产生了巨大的影响。

美国政府尽管干预手段多样，影响也较为普遍，但没有发挥好市场协调者的作用。在缺失市场协调的情况下，美国公司之间开始了恶性竞争，这为欧洲策划实施成功的产业政策提供了关键契机。随着生产经验的积累，美国制造商几乎可以做到生产任一机型的成本都低于欧洲制造商，但它们无意之中为空客公司在窄体飞机和大型客机之间留下了一个市场缺口。于是空客公司没有从成本和技术上去竞争，而是以实用性为竞争优势推出了一款差异化的产品（Majumdar，1987）。

空客公司以美国航空公司提出的需求建议为重要参考，推出了A300B机型。A300B是A300的缩短型，1969年在英法两国正式投入市场运营①。可惜A300B的交付正好赶上了1973—1974年经济危机，但这也反映出欧洲对于空客项目的重视，空客公司依靠政府支持生产"白尾"飞机②渡过了经济危机。1975年欧洲经济恢复后，空客公司的飞机库存多于美国制造商，空客公司在当年的飞机销售数量超过了DC-10和L-1011之和。自此，空客公司成了美国商用航空产业真正的竞争对手。

3.3 技术不确定性、市场地位和新窄体飞机（1979—1984年）

为了应对空客A300的挑战，波音公司同时推出了双发大型喷气式客机波音767和波音737的改进型波音757。波音767与法德联合生

---

① 为了与美国制造商结盟，英国于1968年退出了空客联合体。
② 译者注：早期按统一构型生产的飞机或后续因订单取消而未交付的飞机，因其明显的白色机尾喷涂，被称为"白尾"飞机。

产的 A300B 开展直接竞争，对于波音 757，公司则准备与英国联合研制，诱使英国脱离欧洲的空客联合体。对英国来说，与波音公司合作是十分具有吸引力的，波音公司是英国罗罗发动机公司的主要客户，该公司为波音 747 提供发动机。波音公司还是英国最大航空公司——英国航空公司的主要飞机供应商。对于英国航空公司、飞机制造商和发动机制造商来说，与波音公司结盟意味着它们将会有共同的而非竞争性的利益关系。但是英国最终拒绝了波音公司的提议，因为按照波音公司提出的条件，波音公司与英国制造商是分包关系，而不是真正意义上的合作伙伴关系。在同一时期，法国对于是否参加空客项目也显得犹豫不决，虽曾与波音公司和麦道公司接触过，但也因同样的原因没有达成共识。

A310 项目①的牵线搭桥，让英国回归了空客联合体。A310 是 A300B 的衍生型，由英、法、德联合研制，1979 年投入商业运营。欧美飞机制造商之间围绕着窄体机的更新换代展开了真正的竞争。随着 A310 投入运营，空客公司内部开始讨论下一个项目的选择，以进一步扩大产品系列。制造商对四发远程飞机感兴趣，但根据市场调研结果，150 座的波音 727 会有更好的发展前景。麦道公司和波音公司也曾考虑为满足这一需求而研制一款新飞机，最后两家都决定在现有基础上推出一款改进型飞机，作为新技术出现之前的过渡产品。1981 年初，波音公司推出波音 737 - 300，紧接着麦道公司推出了 DC - 9 的改进型——MD - 80。于是，空客公司决定推出采用了先进技术的 A320 攻占市场（Heyward，1989：58）。1980 年，是美国彰显其全球民用喷气式飞机市场霸主地位的一年。这一年，美国生产的商用喷气式飞机在全球运输市场占比 85%（Piper，1980）。在此期间，随着学习曲线大幅降低，桨扇发动机

---

①　译者注：为与波音 767 竞争，空客公司研制了 200 座级中短程双通道宽体客机 A310。该机型在 A300B 的基础上缩短了机身，设计了新的机翼，采用双人机组。座舱为典型两级座舱布局，标准载客量为 220 人。至 2007 年停产时，A310 一共生产了 260 架。

在当时比涡扇发动机有了更强大的性能和更好的前景,波音公司和麦道公司决定先推出改进型。空客公司则选择进行技术创新,引进了变曲率机翼、主动控制技术、电传飞控系统、数字自动飞行控制系统、侧面操纵杆和复合材料等新技术。其中,最重要的就是电传飞控系统,虽然当时该系统的性能尚未得到证实并具有风险性,但它能极大地降低油耗,减少飞行时对飞行员的依赖①。波音公司曾劝说航空公司不要购买 A320,等待以桨扇发动机技术革新为基础的新机型。然而,这项具有革命意义的发动机技术,最终并未像美国飞机制造商所预期的那样实现。

20 世纪 80 年代,空客公司成为技术革新的领军者,并非是因为麦道公司和波音公司缺乏必要的技术知识,而是因为不同的市场地位导致了不同的市场竞争策略。波音公司作为一个老牌制造商,自然倾向于在现有产品系列上扩大规模经济和范围经济。而麦道公司的创新步伐受到资金短缺的制约,1969—1989 年,麦道公司亏损超 10 亿美元。麦道公司的财务困境源于 20 世纪 70 年代与洛克希德公司在宽体机市场的竞争,公司元气大伤,始终未能完全恢复。

与波音公司和麦道公司不同,面对波音公司在现有机型上占据的成本和价格优势,空客公司既有研发新机型的动力,又有欧洲政府提供的研发资金②。没有切实的资助,空客公司不可能在技术上超越波音公司和麦道公司,也就不可能在 20 世纪 80 年代取得控制新产品推出节奏的主导权。20 世纪 90 年代,麦道公司也曾有过类似的机会,当时它得到了中国台湾提供的大量资助,可以进行技术革新,而波音公司、空

---

① 空客 A320 在早期发生了几起坠机事故,但在市场消失之前,潜在问题已经得到解决。

② 空客公司面临的问题是,需要说服政府再提供 15 亿美元的资金,虽然 A300 和 A310 仍在偿还启动成本。法国政府希望 A320 项目能早点启动,并表示将提供支持。最初,英国和德国政府并没有承诺为 A320 的"生产启动"提供支持。在 1984 年 A320 成功获得 90 架订单后,英国和德国才终于相信市场已经成熟,并愿意提供飞机启动所必需的资金。A320 后来成了最畅销的空客机型。

客公司根据它们的市场地位采取的是放缓节奏的策略,这对于波音、空客两公司来说本是不利的,然而命运弄人。

3.4 创新激励、需求波动、飞机系列的竞争(1985—1991 年)

20 世纪 80 年代末,美国和欧洲的商用飞机制造商围绕宽体飞机更新换代展开了竞争,它们推出了差异化的产品,但行为模式是相似的。三大公司(波音、麦道和空客)都认为 20 世纪 90 年代各大航空公司将会用新机型来替换 DC‐10、L‐1011 和部分老旧的波音747[①]。麦道公司为在合适的时机推出 DC‐10 宽体飞机的衍生型已经等待了好几年,在此期间,公司宽体飞机的生产一直未饱和,仅承接了美国军方的订单[②]。1986 年,麦道公司的 MD‐11 进入市场,这是一款用来取代 DC‐10 的三发宽体喷气式飞机。

有欧洲政府作为坚实后盾,空客联合体有更远大的计划。1987 年,空客公司启动了 A330/340 项目。这两款机型机体相同,区别是 A330 是双发客机,载客 330 人,航程 4 800 英里;A340 是四发客机,载客量略少,航程可超过 7 000 英里。

麦道公司和空客公司不能确定它们研发的新飞机是否有足够的市场需求以及能否盈利。因此,1988—1990 年,两家公司认真讨论了 AM300 计划的可行性——AM300 融合了各自的宽体飞机设计方案。

---

① "Golbal Wrap‐up: Japan and Europe," edited by Stanley Reed, *Business Week*, August 13, 1990, No. 3173, pp. 55‐56.

② John Curley, "McDonnell-Douglas Must Decide Soon Whether to Stop Producing DC‐10 Jets," *Wall Street Journal*, May 8, 1985, p. 12.

如果麦道公司与空客联合体联合经营，将能在全球市场份额方面与波音公司抗衡，更重要的是，双方联合研制的新飞机将成为波音 747 最大的竞争对手，能够在比波音 747 少一台发动机的情况下达到波音 747 的航程距离。

尽管麦道公司与空客公司的合作伙伴关系具有商业和贸易政治意义，但是经过两年谈判，最终也没能达成任何协定。据说，谈判破裂的原因在于双方未能在由谁生产驾驶舱这一飞机关键部段上达成一致。分歧的背后还存在技术替代的问题，对于每家公司来说，放弃或缩减原有产品系列对成本结构造成的不利影响，远超与其他公司合并、共同制造新产品所带来的规模经济的收益。

1987 年，全球飞机市场开始迅速好转，麦道 MD－11 和空客 A330/340 的收益和订单均有所增加。麦道公司希望通过 MD－11 提高自身的经济和市场地位，而最初的迹象也符合麦道公司的期许。截至 1991 年 3 月，MD－11 订单已达 377 架，麦道公司要直到 1995 年才能完成这些订单的交付。可惜 MD－11 一直面临技术和制造问题，第一批飞机晚了几个月交付，还存在缺陷，导致飞机满载时无法达到预设的最大飞行距离。作为 MD－11 主要启动客户的美国航空公司对其未能完成 1991 年 1 月的首航表示极度失望。当时航空产业正在经历周期性衰落，美国航空公司以 MD－11 的性能缺陷为由拒绝接收飞机。因此与预期相反，MD－11 没能解决麦道公司在商用飞机领域的财务困境。到了 1991 年中，麦道公司在市场上受到空客公司挤压，军事采购的大幅削减也使其遭受打击，作为一家商用飞机制造商，麦道公司陷入了危机，有人甚至认为麦道公司将退出飞机制造业。它唯一的出路是推出一款能与波音 747 媲美的新机型，但它缺少资金。私有资本无法到位——公司股票狂跌，像美国航空公司这样的传统客户都对麦道公司的经营状况感到不满，也拒绝投资。唯一的解决途径是注入公共资金，但问题是,资金从何而来?

与此同时,为了应对 A330/340 和 MD‐11,波音公司在 1988 年研发了机身较长、与波音 747 一样有"鹅头"的波音 767‐300 宽体飞机,然而主要的航空公司客户对这一衍生机型缺乏兴趣。一年以后,波音公司设计了一款全新的机型——波音 777,该机型比其他竞争对手设计的飞机要大一些,配备两台大的发动机以保证飞机的高效性和灵活性。波音公司召集了 8 家主要客户和设计制造团队,共同设计波音 777 飞机机翼和航电设备等。另外,波音公司将波音 777 飞机 20% 的生产工作分包给了 3 家日本企业。作为这笔交易的一部分,日本通商产业省的子公司日本飞机开发公司(Japanese Aircraft Development Corporation,JADC)同意承担一部分项目研制成本。通过这样的安排,波音公司至少部分抵消了欧洲政府提供给空客公司的补贴优势,并巩固了其作为日本主要商用飞机供应商的优势地位。波音公司的这一策略也可理解为抢占日本市场,阻止日本与空客公司或麦道公司结盟①。1991 年初,波音公司冒险启动波音 777 项目,并于 1995 年投产。在做出这个决定时,只有美联航订购了波音 777,作为包括波音其他机型在内的 220 亿美元交易的一部分。

3.5　政府参与商用飞机竞争

上述关于战后商用飞机产业竞争的简短历史表明,政府的作用始

---

①　波音商用飞机公司总裁迪安·桑顿(Dean Thornton)在谈及抢占与日本公司结盟先机,共同研发波音 777 项目的原因时说道:"日本公司'在商用飞机项目上不与我们合作,就会与另外的公司合作。我们不希望它与欧洲空客公司合作。'"20 世纪 90 年代后期,欧洲空客公司曾表示欢迎日本参与 A350 项目。

终存在。如果政府不调节市场的运作而让市场力量占了上风，就会将商用飞机产业推上自然垄断的道路，竞争也不会如此激烈。美国和欧洲各国政府在各轮竞争中，都直接或间接地决定了参与者及其竞争策略。欧洲政府有意这么做，是出于区域重商主义意图，它们想要打造世界一流的欧洲公司，它们也的确做到了。美国政府无意这样做，它只是想要创建一个先进的航空航天防务体系。但美国政府无意的行为却推动了商用航空体系的发展。然而，美国政府不愿干涉商用飞机项目的态度也造成了损失。如果当时政府与业界代表联合阻止洛克希德公司和麦道公司围绕三发喷气式飞机的竞争，就能避免不良后果。这一恶性竞争拖垮了洛克希德公司，严重削弱了麦道公司，让空客公司首战告捷。市场参与者及其竞争战略都是公共政策选择的结果，即便如此，美国政府仍然拒绝承担协调者的角色。接下来我们会看到一个类似的例子，美国政府的不作为，很可能导致麦道公司与中国台湾达成一项对美国商用飞机产业有害的协议，也会危害到国家的经济福利。

第 4 章
政府干预商用飞机产业的经济分析：空客公司的案例

正如本书所述，对某一特定的产业进行政策干预，可以有效地实现其目标，或者有效地影响市场结果，但不一定能提高经济福利。欧洲政府为空客公司提供补贴，促进其发展，这一产业政策的福利效应问题被广泛关注。究其原因，一方面是美欧之间在飞机产业的资助问题上产生了冲突；另一方面，在该产业特殊的市场和生产条件下，补贴将对国家的经济福利产生潜在的巨大影响，使租金从一国竞争者手中转移到另一国竞争者手中。

4.1　相关学术研究

关于欧洲对空客公司的补贴产生福利效益的经济学分析文章主要有两篇：一篇由理查德·鲍德温（Richard Baldwin）和保罗·克鲁格曼（Paul Krugman）合著，另一篇由赫尔诺特·克莱珀（Gernot Klepper）所著。鲍德温和克鲁格曼关注的是空客 A300 和波音 767 这两款机型之间的市场竞争。他们对比了不同市场结构下可能出现的三种情况：一是，A300 是唯一可选的中型中程客机，空客公司垄断市场；二是，波音 767 在 A300 之后马上进入市场，形成双寡头垄断局面；三是，空客公司未进入市场，波音公司处于垄断地位。他们认为，空客公司获得了欧洲政府给予的隐性补贴，补贴形式是较波音公司投资回报率更低的资金支持①。按照 1974 年的价格估算，这一补贴相当于欧洲纳税人约 15 亿美元的税款。

鲍德温和克鲁格曼提出的假设模型基于一些相当严格的、不尽合理的条件②，该模型认为，欧洲政府为 A300 进入市场提供补贴产生了以下福利效应：一是飞机与机票价格降低，使世界其他地区因消费者盈余而受益，二是美国因波音的损失超过消费者的获益而整体上遭受损失，三是对欧洲人来说，福利效应则显得含混——根据不同的衡量标准，影响可能积极，也可能消极。尽管得出了如此复杂的结论，但对于欧洲来说，A300 项目既是一个以邻为壑的政策，同时也是一个不利己的政策。

鲍德温和克鲁曼的这一结论太过牵强，它建立在存疑的假设之上，无法证明这种假设的对错③。值得注意的一点是，鲍德温和克鲁格曼忽略了商用飞机生产的重要特点，即一款飞机和整个产品系列的范围经济。A300 只是空客系列产品中的第一款，当初如果没有欧洲政府的资助，空客公司也不会实现一系列技术上的突破。对这一战略的经济可行性所进行的分析，需要全面考虑 A300 和整个产品系列的成本及收益，以及引发的学习效应。

最近，赫尔诺特·克莱珀从经济合理性角度，进行了一项更为复杂的研究，试图将范围经济纳入考虑，来弥补鲍德温和克鲁格曼研究的不

---

① 该假设与鲍德温和克鲁格曼建模所需的其他假设一样存在问题。一部分原因是不能假设在没有政府干涉的情况下，波音公司和空客公司的资本成本是一样的。在整个 20 世纪 70 年代和 80 年代，即使不考虑政府干涉，美国企业对投资基金的偿还成本也往往高于许多欧洲企业。

② 这些假设包括：A300 和波音 767 市场竞争之间没有关联关系；空客公司和波音公司生产的其他机型在市场竞争中也没有关联关系；将潜在对手麦道公司排除在外；将市场运作看作是同品质产品的不同生产者之间的古诺模型竞争。

③ 鲍德温和克鲁格曼对他们的结论进行了如下限定：鉴于构建一个可操作的模型所需的简化程度，很难将政策结论建立在他们的结果之上。然而，其他人在引用他们更具挑衅性的声明时，通常不附加限定条件。

足。与鲍德温和克鲁格曼一样，克莱珀的建模方法表明，评估政府用于集中化行业的政策是否明智，需考虑政策对竞争的影响。克莱珀对三类产品在短、中、长期市场的竞争进行了模拟。他比较了三种不同市场结构的情景：波音公司垄断、波音公司-麦道公司双寡头、波音公司-空客公司双寡头。他以不同的"非空客"场景作为基准来计算欧洲国家给予空客公司补贴的福利效果，其结果相差甚远。克莱珀得出的结论是，欧洲政府帮助空客公司进入市场的反垄断政策带来了较高的消费者福利，但制造商生产过剩所导致的大量损失又拉低了整体福利。换句话说，一个新竞争对手的进入会降低产品价格，使消费者受益，但也会降低制造商的生产规模，增加成本，从而损害制造商利益。这一结果与鲍德温和克鲁格曼的研究结论一致，即在多数情境下，欧洲为推动空客公司进入市场而提供的补贴并没有提升福利，并不符合经济合理原则，并对美国造成了损害。

4.2 小结

以上三人的研究存在两项共同的缺陷：一是提出的问题本身，二是方法论。

第一，以能否增加静态经济福利来衡量推动空客公司进入市场的政策是否经济合理，本身就没有意义。无论在这一特定衡量标准上是否经济合理，其政策也不能被撤销，空客公司进入市场是政治、军事、技术以及经济等因素共同决定的。

第二，仅针对这一问题，他们所选取的方法论也是不恰当的。产品层面的范围经济和产品差异化风险会使处于市场主导地位的企业在技术创新方面趋于保守，继而阻碍行业创新和效率。就航空运输业而言，其主要通过创新实现生产力的增长，不能仅仅根据静态产品效率、价格、租金分配所造成的影响来衡量政府补助的经济福利后果。要精准判断对空客公司提供的补贴是否符合经济合理性，还需要评估空客公司进入市场后对航空产业创新速度和方向的影响，以及给航空公司和乘客带来的利益。前述章节已经阐明，这些影响是重大的①。

　　总的来说，与鲍德温、克鲁格曼及克莱珀牵强的结论相比，相对靠谱的结论是，欧洲政府为空客公司提供的补贴至少有一部分积极作用。因为不仅它使空客公司的飞机售价更低，而且还帮助了空客公司推出新型飞机系列，填补了麦道公司和洛克希德公司在中程市场留下的空白，并使空客公司在波音公司不愿独自完成的技术创新方面大有作为。

　　甚至在空客公司成为主要市场竞争者之前，麦道公司、洛克希德公司和波音公司之间的竞争只会出现在美国政府分别进行补贴的情况下。这也同样适用于欧洲对空客公司的支持——欧洲政府启动援助，帮助空客公司研制出差异化和技术领先的产品，使之得以一举超越麦道公司。简而言之，本章提供的证据表明，无论在美国还是欧洲，政府补贴都使航空产业更具竞争力和创新性。在有更严谨的理论分析模型前，并不能得出"补贴带来的所有福利影响都是积极的"这一结论，但我们不应像批评空客项目的美国人那样轻易断言补贴带来的是负面影响。

---

　　① 莫厄里和莫兰同样也认为，在空客技术创新战略的刺激下，飞机制造商之间的销售竞争已在该行业产生了持续的研发竞争。空客 A300 和波音 767 之间的竞争导致大量的研发投入，进而推动随后的 A330/340、MD‑12 和波音 777 之间的竞争。

第 5 章
飞机制造业的
贸易摩擦

5.1　1979 年 GATT《民用航空器贸易协议》

巨大的规模经济和范围经济，使得出口对于美国商用飞机制造商而言极其重要。在 20 世纪 70 年代以前，就有约三分之一的美国产商用飞机销往海外，此后，贸易的重要性更是逐渐凸显。同样，贸易也是欧洲提升商用飞机竞争力的关键。与空客公司合作的欧洲各国政府和公司从一开始就认识到，要实现生产成本可持续需达到全球规模，而出口是必由之路。其中，尤为重要的是向庞大的美国航空运输市场——这也是美国的竞争基础——出口飞机（见表 5.1～表 5.4[①]）。

表 5.1　1977—1987 年全球飞机发动机进口国

国家/地区	1977 年	1979 年	1981 年	1983 年	1985 年	1987 年
百万美元						
全球[①]	3 057	4 789	7 662	7 751	9 417	13 315
美国	174	609	1 548	1 176	2 456	2 960

①　译者注：表 5.1～表 5.4 所列数据不包括所有进出口国家，故加权值不为 100%，且原文未对具体选择标准进行说明，故译者翻译时尊重原文，并未对数据和表格层级进行修改。

国家/地区	1977 年	1979 年	1981 年	1983 年	1985 年	1987 年
欧洲共同体	1 628	2 502	3 947	3 843	4 042	5 900
德国②	225	336	509	513	648	930
英国	633	883	1 600	1 431	1 502	2 110
法国	329	608	768	908	973	1 433
亚洲	596	723	1 023	1 780	1 862	2 937
日本	191	236	348	477	722	893
加拿大	200	275	161	247	177	170
占总数的百分比						
全球①	100.0	100.0	100.0	100.0	100.0	100.0
美国	5.7	12.7	20.2	15.2	26.1	22.2
欧洲共同体	53.3	52.2	51.5	49.6	42.9	44.3
德国②	7.4	7.0	6.6	6.6	6.9	7.0
英国	20.7	18.4	20.9	18.5	15.9	15.8
法国	10.8	12.7	10.0	11.7	10.3	10.8
亚洲	19.5	15.1	13.4	23.0	19.8	22.1
日本	6.2	4.9	4.5	6.2	7.7	6.7
加拿大	6.5	5.7	2.1	3.2	1.9	1.3

资料来源：United Nations，*Statistical Yearbook of International Trade*，various issues.

① 仅限市场经济国家。

② 指统一以前的德意志联邦共和国(西德)。

表 5.2　1977—1987 年全球飞机发动机出口国

国家/地区	1977 年	1979 年	1981 年	1983 年	1985 年	1987 年
百万美元						
全球①	3 910	6 034	8 469	8 668	9 738	14 224

（续表）

国家/地区	1977 年	1979 年	1981 年	1983 年	1985 年	1987 年
美国	1 070	1 934	3 077	3 423	3 695	4 773
欧洲共同体	2 154	3 093	3 949	3 903	4 429	6 927
德国②	443	493	385	552	696	1 205
英国	1 070	1 519	2 465	1 772	2 109	3 086
法国	379	550	336	618	816	1 334
亚洲	237	229	317	358	506	967
日本	145	99	137	81	133	177
加拿大	272	475	759	565	683	889
占总数的百分比						
全球①	100.0	100.0	100.0	100.0	100.0	100.0
美国	27.4	32.1	36.3	39.5	37.9	33.6
欧洲共同体	55.1	51.3	46.6	45.0	45.5	48.7
德国②	11.3	8.2	4.5	6.4	7.1	8.5
英国	27.4	25.2	29.1	20.4	21.7	21.7
法国	9.7	9.1	4.0	7.1	8.4	9.4
亚洲	6.1	3.8	3.7	4.1	5.2	6.8
日本	3.7	1.6	1.6	0.9	1.4	1.2
加拿大	7.0	7.9	9.0	6.5	7.0	6.3

资料来源：United Nations，*Statistical Yearbook of International Trade*，various issues。
① 仅限市场经济国家。
② 指统一以前的德意志联邦共和国(西德)。

表 5.3　1977—1987 年全球飞机进口的地域分布

国家/地区	1977 年	1979 年	1981 年	1983 年	1985 年	1987 年
百万美元						
全球①	6 902	14 802	22 776	19 600	21 320	26 057
美国	604	1 126	2 827	2 100	3 600	4 519
欧洲共同体	3 006	7 208	9 064	8 803	8 614	9 922
德国②	1 230	2 322	4 312	4 392	3 613	4 670
英国	655	2 429	1 432	1 445	2 082	998
法国	474	1 018	1 166	881	572	1 198
亚洲	1 473	3 000	5 001	4 035	5 034	5 884
日本	201	750	1 347	1 490	1 497	1 755
加拿大	264	906	1 524	1 071	1 490	1 435
占总数的百分比						
全球①	100.0	100.0	100.0	100.0	100.0	100.0
美国	8.8	7.6	12.4	10.7	16.9	17.3
欧洲共同体	43.6	48.7	39.8	44.9	40.4	38.1
德国②	17.8	15.7	18.9	22.4	16.9	17.9
英国	9.5	16.4	6.3	7.4	9.8	3.8
法国	6.9	6.9	5.1	4.5	2.7	4.6
亚洲	21.3	20.3	22.0	20.6	23.6	22.6
日本	2.9	5.1	5.9	7.6	7.0	6.7
加拿大	3.8	6.1	6.7	5.5	7.0	5.5

资料来源：United Nations，*Statistical Yearbook of International Trade*，various issues.
① 仅限市场经济国家。
② 指统一以前的德意志联邦共和国(西德)。

表 5.4　1977—1987 年全球飞机出口的地域分布

国家/地区	1977 年	1979 年	1981 年	1983 年	1985 年	1987 年
百万美元						
全球①	10 188	19 240	27 870	25 267	28 806	33 227
美国	5 893	9 779	14 877	12 323	14 497	18 133
欧洲共同体	3 460	7 592	10 114	10 381	10 822	11 346
德国②	916	1 735	3 359	3 382	3 342	3 605
英国	878	2 693	2 687	2 888	3 120	2 313
法国	1 000	2 133	2 021	2 226	2 430	3 107
亚洲	222	755	1 011	977	1 422	1 031
日本	21	72	119	151	118	224
加拿大	303	576	1 031	995	1 254	1 550
占总数的百分比						
全球①	100.0	100.0	100.0	100.0	100.0	100.0
美国	57.8	50.8	53.4	48.7	50.3	54.6
欧洲共同体	34.0	39.5	36.3	41.1	37.6	34.1
德国②	9.0	9.0	12.1	13.4	11.6	10.8
英国	8.6	14.0	9.6	11.4	10.8	7.0
法国	9.8	11.1	7.3	8.8	8.4	9.4
亚洲	2.2	3.9	3.6	3.9	4.9	3.1
日本	0.2	0.4	0.4	0.6	0.4	0.7
加拿大	3.0	3.0	3.7	3.9	4.4	4.7

资料来源：United Nations，*Statistical Yearbook of International Trade*，various issues。
① 仅限市场经济国家。
② 指统一以前的德意志联邦共和国(西德)。

美国和欧洲制造商的共同利益,既包括自由进入对方市场和其他重要的全球市场,也包括降低合资、转包、零部件国外采购的壁垒。同样,这些共同利益也是源于飞机产业的特性。商用飞机企业和国防机构之间的联系,以及范围经济的影响,使该行业的贸易避免了被国外直接投资所替代。因此,决定全球市场渗透力的是贸易流,而非投资流。跨国产品合作避免了短期国外直接投资,采取合资形式和转包协议,为进入国外市场以及与潜在竞争者合作创造条件,对制造商的吸引力与日俱增[1]。国外采购的部件通常具有价格优势,随着竞争加剧,这种优势更具吸引力。此外,由于新飞机研制成本和技术上的挑战,近年来制造商都在急于寻找国外伙伴,以获得部分研制资金,共担财务和技术上的风险。

事实证明,美国制造商和新崛起的欧洲制造商在自由贸易中的共同利益,对 1979 年关税及贸易总协定(GATT,以下简称"关贸总协定")《民用航空器贸易协议》的谈判成功起了促进作用。然而,最初促使美国制造商在 GATT 东京回合[2]谈判期间四处游说此项协议的并非共同的利益,而是冲突的利益。讽刺的是,这些冲突的利益从未得到妥善的解决。

到 20 世纪 70 年代初,美国企业已经对欧洲飞机制造商受政府直接援助而获得高度复杂产品的生产能力表示担忧。到 1978 年,空客公司在东亚、中东,甚至美国本土销售飞机,美国企业的忧虑转为恐慌。在进入美国市场方面,空客公司用"难以拒绝的条件"与美国东方航空

---

① 莫厄里和莫兰认为,在军用和民用航空领域建立研发与生产"联盟"的基本原理包含了大量有意获得支持的因素,以获得目标市场中工业和劳工行动者的政治和商业支持。例如,空客飞机的高美国元素有助于空客公司努力打入美国市场。类似地,波音公司选择欧洲的发动机制造商(罗罗公司)或日本合作伙伴(三菱公司)是为了获得外国市场准入的优势(Moran and Mowery,1991:27)。

② 译者注:东京回合是指关贸总协定第 7 轮多边贸易谈判,1973 年 9 月始于日本东京,后改在瑞士日内瓦举行,1979 年 4 月结束。

公司达成协议，打破了美国制造商在本国市场的垄断。该协议包括六个月的免费试用期、运营成本担保，以及极其优惠的出口信贷条款。空客公司在该协议中承担了很大风险，A300 一旦不能满足美国东方航空公司的要求，就会被退回，这将有损空客公司的声誉，甚至对其造成毁灭性打击。但利益与风险共存，如果空客公司与美国东方航空公司合作成功，它将在以往无法进入的美国市场拥有一席之地。正如美国制造商所说，空客公司这笔交易的财务费用由欧洲政府补贴买单。

在空客公司向美国东方航空公司开出合作条件时，时任美国财政部官员的 C. 弗雷德·贝格斯滕（C. Fred Bergsten）提议对欧洲征收反补贴税，以抵消欧洲的补贴政策。这种迅速推出的高额关税，可能会对欧洲国家未来补贴空客公司销售的做法起到震慑作用。另外，欧洲仍依赖于美国商用飞机，对关税的反制措施也鲜能损害美国制造商的利益。

总之，1978 年使用国家反倾销税法抵消空客公司获得的销售补贴，并阻止欧洲未来进行补贴是相对有利的。随着空客公司成为重要的竞争对手，欧洲对反补贴税实施反制的威胁也随之增强，美国制造商不再提议使用反补贴税措施。

最终，1978 年关于征收反补贴税的提案遭到了美国东方航空公司而非飞机制造商的反对。东方航空公司呼吁时任财政部部长布鲁门萨尔撤销对这一提案的支持，CEO 鲍温明确提出这一要求，指出美国东方航空公司和其他美国航空公司将从空客公司积极的销售策略中受益[①]。虽然此言不虚，但是评价这项政策需要综合比较航空公司的收益、美国制造商的损失，以及放弃震慑空客公司的补贴行为所带来的影响。然而美国并没有开展相关评估工作，也因此失去了一个制衡欧洲

---

① C. 弗雷德·贝格斯滕的私人通信资料。

未来补贴行为的大好机会。

同时,美国制造商愈发直言不讳地指出欧洲出口补贴的不利和不公平性,呼吁制止这种"掠夺性的出口财政补贴"。他们的不满进一步加深,抱怨欧洲的全方位产业政策对空客公司的扶持以及对欧洲贸易伙伴的不利影响。由于与欧洲之间还有大量的出口交易,美国企业比较谨慎,并未寻求贸易保护来解决问题,而是要求继续得到政府的研发支持、税收抵免和进出口银行融资帮助,且要与欧洲国家政府提供的条件相当。同时,通过美国航空咨询委员会诉诸东京回合讨论,美国制造商呼吁达成 GATT 行业性协定,以解决飞机产业的贸易冲突问题。

美国谈判代表声称,美国方面的目的是达成"自由贸易的行业性协定"(Piper,1980)。在美国谈判代表看来,该协议应该能够有效限制欧洲对空客公司的支持。换句话说,美国想达成的不仅是一份消除传统贸易壁垒的"自由贸易"协定,还得是一份限制欧洲对飞机产业采取支持政策的"自由市场"协定。美国前项要求得以实现,但后项要求却始终未能实现。

由于更加自由的贸易环境对美国和欧洲均有利,双方一致赞成取消大范围的边界或无边界贸易壁垒,包括关税、限额、优惠技术标准(降低技术标准)、封闭式采购招标、强制转包合同和出口补贴等①。为了确保协定落地实施,相关方还成立了民用航空器贸易委员会,各签署国就协定的执行问题继续协商。

1979 年 GATT 谈判达成了与飞机产业相关的协定,成功地消除了大部分传统贸易障碍,极大地解放了飞机产业。随后,跨国转包合同和零

---

① 由于经济合作与发展组织多年来一直关注飞机出口融资问题,并正在就此谈判以期达成一项协议,GATT 协议没有解决该问题。如前所述,美欧之间以及后来在经济合作与发展组织内部达成的出口融资配套协议,极大地减少了贸易摩擦和相互破坏性质的出口补贴。

部件供应商如雨后春笋般地出现，彻底改变了全球飞机产业的组织结构。

协议签订后，美国飞机零部件的出口迅速增长。1977—1982年，出口额从约 20 亿美元增至约 40 亿美元。同期，飞机发动机出口额从 2 亿美元增至 8 亿多美元（Mowery and Rosenberg，1982：186）。

为了应对欧洲日益增长的威胁，美国制造商也开始充分利用国际合作，通过消除贸易壁垒提升产业吸引力[①]。据美国商务部估算，从 1979 年关贸总协定达成至 1991 年底，美国飞机制造和零部件行业少交了多达 10 亿美元的关税和其他税费[②]。

但为何 1979 年关贸总协定未能阻止美国和欧洲的商用飞机贸易摩擦日益恶化？答案很简单，它未能阻止摩擦背后双方在产业优先政策上的较量。当冲突双方能够找到共同的立足点或共同利益时，国际惯例能够缓和贸易冲突；当双方利益对立时则不然。欧洲和美国都认可减少飞机贸易摩擦能让双方都受益这一观点，但双方对空客公司产业政策支持这一问题的态度并不一致。欧洲强烈认为有义务支持，美国则坚决反对。利益及看法不一致，就此问题达成的协议必然是含糊的，且完全不具强制性。

谈判中，欧洲强调"经过努力的竞争平衡"，并希望以此为基础建立相应术语和一系列规则。他们希望制定"允许提供补贴"的条款，且补贴的程度必须足以使其飞机制造在技术和经济上与美国产品相匹敌。

美国方面，尽管标榜美国和欧洲制造商应有"均等竞争机会"，却不

① 任何大型喷气式飞机不可能由单个国家进行设计或制造。根据麻省理工学院生产率考察报告，波音公司也不再承诺不需要国外合作伙伴。

② 萨莉·巴思（Sally Bath）的私人通信资料。

能容忍"通过政府干预"建立竞争优势。美国的谈判立场是，政府政策应该用于建立开放的竞争环境，而不是干预和安排竞争，对竞争结果造成影响（Piper，1980：233）。这些"高尚"的原则，有意无意地忽略了以往美国政策对美国制造商竞争地位提升所起的帮助作用。

尽管美国施加了巨大压力，但在政府支持方面，欧洲只肯同意一些规模有限、意思含糊、难以执行的条款。即使欧洲迫于美方压力制定了一些比较明确的条款，美国人也只是话语上占了优势而非获得实质上的胜利。例如，欧洲意图使用一个含糊不清的提法——飞机销售时"签约方同意坚决避免使用附加条款"，最终还是同意美方表述——"签约方同意避免使用任何形式的附加条款"。鉴于欧洲方面的态度，美国谈判人员针对一些关切条款内容给出了警告："如果欧洲未来仍按以往的方式行事，美国政府也会重新审视自己在拓展民用飞机出口市场问题上采取的'不插手'政策"（Piper，1980：238）。

关于产业政策的争论则更为激烈。欧洲坚持使用能反映其立场的语言来签署协议条件。从1979年关贸总协定关于产业政策的内容便可看出欧洲所愿作出的承诺之空洞。协定序言部分的内容反映出，许多协议签约方（欧洲）将飞机产业视为需产业政策支持的重要领域，他们会想办法消除政府在民用飞机研制、生产和市场开拓方面的产业政策支持对贸易产生的负面影响，但他们认为这种支持本身不应该被视作对贸易的扭曲。该观点与美国在补贴问题上的基本立场有着根本的不同。

关贸总协定中第6条明确涉及政府对该产业的支持，这同样是一个符合欧洲基本立场的模棱两可的妥协产物。根据该条款，协定签约方在参与和支持民用飞机时，应尽可能避免对民用飞机贸易的不利影响[①]（1979年关贸总协定8.3和8.4条款关于补贴和反补贴的措施），

[①]　该协定确定的贸易不利影响包括：损害另一签署方的国内产业；减损另一签署方在关贸总协定下直接或间接产生的利益；严重地损害或威胁另一签署方的利益。

但是承认政府支持在飞机产业中普遍存在，所有签署方都有参与全球民用飞机市场扩张的期望。该协定还确认了这样一个原则："飞机价格应该以合理的成本回收期望为基准，包括临时性项目成本以及可识别的、按比例分配的飞机军事研发成本"，但是对于违反该原则进行定价却没有明确或强制性的禁令。总之，这项协议承认了各国飞机产业政策的合法性，并且对这些政策的类型和内容没有作明确的、切实可行的限制。签约方虽未拒绝对采取这些政策承担责任，但他们所能做的仅是"尽可能避免"对贸易产生不利影响。

5.2　美欧双边摩擦：1979—1991 年

如果美国制造商是带着达成 1979 关贸总协定的欢欣离开日内瓦的，那么他们这股热情，很快就被空客 A300 在 1981—1985 年全球宽体飞机市场上取得的成功所熄灭了。其间，A300 的销售量分别超过了 DC-10 和 L-1011，订单量最多时占据了宽体喷气式飞机总订单的 50％。由于麦道公司和洛克希德公司因 DC-10 和 L-1011 的竞争两败俱伤（这一竞争明显地违反了 1979 年签订的飞机协议中的价格原则），A300 得以从中渔翁得利，赢得市场份额。元气大伤的洛克希德公司最终于 1981 年全面退出商用飞机制造领域。

20 世纪 80 年代初期到中期，商用飞机全球市场下滑，进一步加剧了美国和欧洲制造商之间的冲突。1982—1984 年，美国民用飞机的出口比高峰时期的 1979—1980 年下降 50％，美国制造商强烈抱怨空客公司凭借不公平的价格策略及不公平的政府补助能够如常运营。甚至通过推出波音 757 和波音 767 成功抵挡空客 A300 竞争挑战的波音公司，都指控空客公司从政府那里得到超出成本的大额补贴，甚至从中获利。

1984 年，当空客公司把飞机卖给泛美航空公司，获得了打入美国市场的第二次胜利时，波音公司的焦虑陡增。由于泛美航空公司是波音公司的重要客户，并且在美国航空运输业中一向享有最先采用新型飞机的美名，其与空客公司的交易具有极重要的象征意义。空客公司似乎对 A300 的业绩尚不满足，1984 年又宣布，决定在成员企业所在政府的支持下推出 A320。相比以美国现有技术为基础研发的 A300，A320 体现了重大的技术创新，因而对波音公司构成了严重威胁。由于 A300 在大小和航程上的正确选择，美国一些规模较小的制造商失去了市场份额是一回事，看着空客公司用新技术向波音公司发起挑战却是另一回事。宣布研制 A320 意义重大，因为它让欧洲各国政府再一次承诺——包括已经退出 A300 项目的英国政府——在可预见的未来要继续在商用飞机领域进行合作。

1984 年和 1985 年，波音公司和空客公司争夺印度航空公司的一份大订单，加剧了美国和欧洲在 A320 问题上的摩擦[①]。1984 年 6 月，印度航空公司与波音公司签订了 12 架波音 757 的意向订单和 13 架起购权订单。但空客公司设法重新开启了谈判，提出在 1989 年以大幅优惠的价格向印度航空公司交付 A320 新机型，同时回租该公司的波音 737 和空客 A300 飞机。空客公司还提出为印度航空公司筹集约占采购成本 85% 的资金——这是经济合作与发展组织（以下简称"经合组织"）出口融资协议许可的额度。空客公司最终于 1985 年 9 月赢得了这笔订单。

波音公司和美国官员被气得火冒三丈。他们指责空客公司违反了 1979 年关贸总协定第 6 条——飞机价格应依据能抵销成本的合理测算来制定。此外，美国还指责欧洲违反了禁止使用诱购手段的协议。传闻作为交易的一部分，法国政府同意为印度清理恒河提供技术援助，帮

---

① 以下两段中关于印度航空公司的交易，基于尤菲（Yoffie）在 1985 年出版的相关著作。

助印度通过世界银行申请更多的软贷款（条件优惠的贷款），加快法国"幻影"战斗机的交付。而传闻也并非捕风捉影：在空客公司达成交易的几个月前，法国官员曾做过几次高层"多重目的销售访问"（Yoffie，1990：338）。

空客公司和印度航空公司宣布达成这笔交易时，美国正面临国会和商界施加的压力，他们强烈要求美国采取强硬的单边贸易政策，以应对外国"不公平"的贸易活动。1985年9月23日，里根总统就贸易政策发表了一次极富煽动性的演讲，他将美国的目标定义为"公平贸易"，并宣布支持利用301条款单方面实现这一目标。在随后的记者发布会上，总统列出了多项贸易伙伴国家涉嫌违反贸易协定的行为，空客公司列位第三。此后不久，国会开始考虑对空客公司提起301特别诉讼。

与此同时，波音公司公开指责欧洲各国政府补贴空客公司多达100亿美元，并敦促美国政府向欧洲施压，要求欧洲全面披露空客联合体的财务业绩和补贴规模。波音公司尽管敦促政府尽快与欧洲各国进行谈判，但没有要求总统下令执行301条款[1]。欧洲是波音公司最大的海外市场，因此波音公司不愿冒险推动实施301条款而招致欧洲的报复[2]。如果一定要采取可靠行动说服欧洲国家停止对空客公司的补贴和不公平的诱导，也应由美国政府提出[3]。此外，考虑到美国贸易政策制定的政治因素，采取的任何措施都必须是美国制造商能够接受的。

美国政府内部关于如何处理这一问题也存在分歧。美国国务院反

---

[1] 波音公司总裁迪安·D. 桑顿也公开指出，"我不支持向我们提供任何形式的补贴，即使空客公司继续接受补贴和政治支持。"引自《航空周刊与空间技术》，1985年。

[2] 波音公司不愿意对空客公司提出301特别诉讼，而新加坡愿意对日本半导体公司提出301特别诉讼，这两者之间的对比很有启发意义。波音公司对欧洲市场的依赖阻碍美国提出301条款，新加坡航空公司不依赖于日本市场，进入壁垒是美国301条款争议的核心。

[3] 美国航空公司也不希望对空客公司采取贸易保护措施，担心对波音公司在商用飞机市场上的垄断带来不利影响。

对采取任何行动,以防在更大范围扰乱与欧洲国家的地缘政治关系,危害国家安全利益。普雷斯托维茨称,一些政府官员反对采取任何行动,原因是欧洲国家补贴空客公司对美国航空公司有利。还有一些官员认为,美国飞机制造商应自发采取一系列反补贴措施。美国总统里根对于打击不公平贸易的呼吁,最终未形成任何针对空客公司的措施。由此看出,在整个 20 世纪 80 年代,美国"进攻性单边主义"和"威慑贸易伙伴"的言论多于行动。由于担心遭到报复,美国产业界只愿意采取强硬的言辞,而非强硬的行动。

1986 年以后,美国和欧洲国家就飞机争端举行了断断续续的双边会谈。美国政府曾一再考虑对空客公司实施 301 条款或征收反补贴税,但美国制造商却一如既往地对此类行动"不感兴趣"。与欧洲一样,美国制造商不愿采取单边行动,而是倾向于达成双边协议,扩展 1979 年与飞机有关的协议。这样做也符合欧洲国家的意愿,欧洲也希望能避免 GATT 正式审查,因为审查有可能泄漏敏感的国家情报信息。根据空客公司的规定,各成员国政府支持数额、条款和条件等完整信息不会定期在空客公司的 4 家合作伙伴之间交换。因此,缺乏信息交流已经成为推进美国和欧洲双方会谈的阻碍。

同样,美国政府也倾向双边协商,而不是由 GATT 专家小组去正式解决,其部分原因是 1979 年制定的飞机相关协定在欧洲补贴问题上并无明显成效①。欧洲一再表示,如果美国向 GATT 提出正式申诉,将会被一笑置之,原因有二。第一,他们得到的补贴在原则上是要偿还的,并未违反关贸总协定②。第二,1979 年关贸总协定只要求双方避免

---

① 根据欧洲的说法,即使美国在 1986 年全球化市场盛行之前对空客补贴进行 GATT 的申诉,也不会获得成功。根据当年记载,超过 1 000 架波音飞机在欧洲运营,而空客飞机在美国只有 56 架。

② 根据美国商务部副部长 J.迈克尔·法伦所说的,过去对空客的任何补贴都极不可能得到偿还。当然,到目前为止还没有偿还的证据。

对贸易产生"不利影响"的政府支持。由于波音公司在全球市场仍占据主导地位，很难证明这些影响是"不利的"。基于这些立场，欧洲坚定认为其研发补贴没有违反1979年关贸总协定。

美国和欧洲之间的双边会谈经常笼罩在激烈的指控和反指控的气氛中，反映了双方存在重大分歧。其中，很多分歧有关技术性问题，比如如何确定一款新机型研发阶段和生产阶段的划分界线，使用何种利率来计算欧洲国家给空客公司提供的贷款补贴金额。最主要的分歧是政府提供的项目启动资金上限。在前几轮会谈中，尽管对何时算研发阶段结束、何时算生产阶段开始还没有达成一致意见，但双方同意非正式地禁止诱导采购和生产补贴。禁令未包括对项目的启动资金援助，而启动资金援助一直是欧洲对空客公司支持的最大组成部分。根据美国估计，欧洲对此也无争议，研制空客A300使用的全部是公共资金，空客A320项目的公共资金使用比例是75％，后面进行的空客A330/340项目大约也处于同等水平①。

在1986—1991年的谈判中，欧洲和美国都有意愿在项目启动资金援助问题上相互妥协。美国最初的立场是，欧洲的补贴是不公平的，应该停止。后来美国逐步接受"应该减少和限制这种补贴，而非全面禁止"的立场。美国谈判代表接受了欧洲的论点，即以往的补贴是为了扶持未成熟产业和针对"不平等竞争"。如今，空客公司已成熟，原本欧洲"与美国制造商保持竞争和技术上的平衡"的目标已经达成。于是美国的谈判目标改为制定关于政府对"成熟"产业干预的新规则，包括全范围地限制使用公共资金支持项目启动。

在启动资金援助这一问题上，美国提议欧洲将补贴数额从占新机型研发总成本的75％缩减到25％，并让企业按现行商业利率等额分期

---

① 萨利·巴思的私人通信资料，1991年10月。

还款,期限为型号首架机投产后 15 年。此项提议旨在平衡美国制造商与空客公司之间的博弈局面,预估前者比后者有 25% 的成本优势①。

第一次在"启动资金援助上限"问题上达成的妥协出现在 1990 年。德国政府提出为空客公司提供汇率担保的计划遭到了美国的反对,美国试图让 GATT 正式进行干预。这项计划本身反映了欧洲国家日益关注空客公司计划的预算问题。为了解决这一问题,1988 年德国政府决定将属于空客联合体的德国国有企业 MBB 卖给戴姆勒-奔驰公司。作为条件,德国政府对戴姆勒-奔驰公司做出了几项重大让步,包括支付 MBB 为空客公司生产时的未偿贷款,重新安排偿还其未支付的空客公司投产资助,对空客 A330/340 另外提供 16 亿美元的投产资助,为 MBB 在德国马克升值和美元贬值时可能产生的亏损提供担保②。最后一项等同于为因汇率变化造成的出口损失提供了担保。这一安排似乎严重违反了 GATT 有关出口补贴的规定。

戴姆勒-奔驰公司要求提供汇率担保,反映了在一个由单一货币垄断全球销售的行业中,汇率波动可能造成巨大的风险。在飞机制造领域,这一货币就是美元,任何重大波动都将波及欧洲国家的货币汇率,从而对美国和欧洲制造商之间的价格竞争产生巨大影响。如果这些货币汇率浮动是调整国家贸易失衡的机制,那么这些影响应被单纯视为自然平衡过程的一部分③。在 1988 年,美国仍然有巨大的贸易逆差,德国有巨大的贸易顺差,因而美元贬值和它对德国及美国制造商竞争力的影响就完全是调整宏观经济失衡的必要手段。自 1985 年起,美国一直在与德国和其他 G7 成员国合作,促成美元贬值。但在德国政府官员

---

① 信息由美国商务部提供。

② 德国政府在 1996 年的最大保障金债务是 13 亿美元,在 1997—2000 年是 8.63 亿美元(Office of Technology Assessment,1991a:205-207)。

③ 当货币市场剧烈浮动,例如在 20 世纪 80 年代对贸易产生了巨大影响,贸易摩擦不可避免。这个例子体现全球经济最终面临选择:是调控贸易还是调控利率。

和参加 MBB 收购谈判的戴姆勒-奔驰公司的高管眼中，宏观经济失衡并不是最重要的问题。

在那些猛烈抨击汇率担保计划的美国官员的心目中，这些问题却占据了首要位置。美国贸易代表卡拉·希尔斯(Carla Hills)称之为"最应受到指责的一类补贴，远比通常的生产补贴糟糕得多。一旦对货币汇率波动进行补贴，就会破坏令贸易机制发挥作用的平衡装置"，美国尤为担心的是，戴姆勒-奔驰公司的例子将成为其他国家使用汇率担保的模式，这样做将抵消美元贬值对其出口产品价格竞争产生的影响。

1989 年底，美国试图通过 GATT 正式谴责德国的汇率担保计划违反关贸总协定关于出口补贴的规定，结果未能成功。在德国政府的请求下，美国暂且将此事搁置，同意在涉及飞机争端各个方面的双边谈判中讨论这个问题。

1990 年，双方在开展协商时取得了一些进展。欧洲提出将补贴额度从占一种新机型全部研发成本的 75% 降至 45%，这虽然高出美国提议的 25%，但较之从前也着实算是一次大幅的缩减。美国谈判者将达成一致的希望寄托在空客公司实力的日益增强、欧洲各国政府因预算问题而限制对空客公司的补贴、空客联合体成员中的德国私有化，以及欧盟委员会更为强硬的反补贴态度上——该机构原则上有权监督和管理其成员国政府的补贴计划。

尽管有诸多有利因素，双方却仍未能达成协议。即使美国在最后一刻(1990 年 12 月)提出了一项折中方案——项目的头 2—3 年对启动资金援助的上限为 45%，之后降至 25%，双方的谈判还是在 1991 年初破裂。美国重新向 GATT 就德国汇率补贴提起申诉，并对空客公司其他违反 1979 年飞机协议条款的补贴另外提出申诉①。1992 年初，

---

① 上述行为都遵照 GATT 补贴法进行。

GATT 一个专家小组在德国补贴案中做出了有利于美国的裁决,并将裁决提交关贸总协定补贴委员会(GATT Subsidy Committee)审议。与此同时,后一案件被提交至补贴法委员会(Subsidies Code Committee)进行磋商。压力之下,双边谈判恢复。

5.3　1992 年美欧双边协议

出人意料的是,1992 年 4 月,美国和欧洲针对大部分具有重大争议的问题达成了一个暂时性的折中协定。粗略归纳,该协定详细说明了研发补贴的额度、时限、条件,包括 30%~35% 的整体上限[①]。此外,该协定规定允许的间接补贴不超过公司商用飞机销售总额的 5%。一如美国一直强调信息透明,协定提议要及时公布补贴信息,并每年举行两次定期会议以监督遵守执行情况。该协定也满足了欧洲的立场,新的限制只适用于未来的补贴,过去对空客公司的补贴则被免除。

这一折中协定揭示了一个基本事实:基于该行业的基本经济状况,补贴无法也不能被完全排除。挑战在于,在制定补贴规则的时候,要尽可能地节约和精确,以鼓励有益的创新和竞争,同时尽量减少一方通过提供补贴实现租金转移,以及租金被恶性挥霍等风险。此外,由于总是存在滥用规则的情况,因此必须保持透明度并有强有力的执行机制的支持。1992 年 4 月的协定是应对这些挑战所迈出的重要一步。

最终协定的达成,缘于双方都认识到该协定能使彼此获益,协定接受商用飞机产业中存在的产业政策,但消除了某些以邻为壑和降低效率的补贴,如出口补贴、激励措施和生产补贴,并减少其他种类的补贴,

---

①　Roger Cohen, "US and Europeans Agree on Reducing Aircraft Subsidies," *The New York Times*, April 2, 1992, p.1.

特别是各种启动援助补贴。此外，鉴于先发优势，双方在制定有关其他国家政府未来补贴的多边规则方面享有共同利益。在欧洲方面，空客公司日益增长的市场实力促使其更愿意在启动资金援助问题上让步，欧洲国家试图阻止其他获得补贴的新外国竞争者加入竞争。在这方面，麦道公司和台翔航太公司（下文将讨论）之间意向性的谈判可能是促成欧洲做出让步的原因之一，他们希望和美国进行的双边交易能够阻止中国和其他亚洲国家政府对麦道公司提供补贴。

1992 年的协定可视为双方为了停止贸易战、补贴战带来的负面影响而做出的努力。1991 年，美国对欧洲谈判的耐心消失殆尽。幼稚产业补贴以平衡博弈是一回事；持续大量地从邻国口中夺食，抢占市场份额是另一回事。甚至连原来最有耐心的波音公司也开始示意，如果双边谈判继续失败的话，美国有必要采取单边行动。可能持续整个 20 世纪 90 年代的产能过剩加剧了贸易冲突的潜在威胁，鼓励了使用补贴和奖励促成租金转移的行为。如果麦道公司与台翔航太公司达成协议，这种威胁将严重加剧①。

为了避免这一威胁，美国必须意识到需一视同仁，不能只要求限制欧洲对空客公司的补贴，而同时允许其他国家政府无限制地对美国制造商提供补贴。特别是，美国不能允许中国或其他外国政府向麦道公司或波音公司提供补贴，而危及其与欧洲的开创性协议②。如果没有这

---

① 可以理解，波音公司试图在空客公司下定决心启动 A350 项目之前，就补贴问题达成一些"平衡博弈"的共识。波音公司总裁 Frank Schrontz"忍无可忍"并表明了他的观点，即波音公司在遵照美国贸易法的前提下对欧洲进行报复行动有理有据。

② 根据 4 家日本公司和波音公司合作研发波音 777 的协定，波音公司间接从日本政府获取了补贴。波音公司坚定地宣称这些补贴相对较少，而美国技术评估办公室证实了这一说法。根据美国技术评估办公室研究，日本公司在波音 777 项目中 20% 的参与程度也许会花费 12 亿~13 亿美元。其中，7 亿是研发补贴，一半补助来自 MITI。美国技术评估办公室的数据引用自道格拉斯飞行器公司的副执行官约翰·沃尔夫（John Wolf）在 1992 年 2 月 27 日联合经济委员会会议上提交的书面证词。

样的协议,就像欧洲所建议的那样,贸易战或市场份额分配将减少贸易和竞争的收益,破坏跨国生产联盟网,并最终威胁到国际贸易体系。

最后,如下问题尤其重要:在这一个案中,美国是否有效地使用了其贸易政策或者 GATT？答案显然是否定的。第一,如前所述,一旦将竞争和技术创新的动态纳入考虑范围,便不清楚美国是否因过去对空客公司的补贴而利益受损。第二,即使假设这些补贴对美国利益造成了损害,也仍存在一种很大的可能性,即某种形式的保护主义只会让情况变得更糟。一些分析文献充分证明,针对外国补贴的对策往往无效或有害。简而言之,就是治比不治更糟。当然,如果出现一轮针锋相对的贸易保护主义措施,导致彼此在市场上的销售量减少,美国制造商受到的伤害会比欧洲制造商更大。由于美国航空业的强烈反对,美国单方面采取威胁报复的强力贸易政策行动并不是一个切实可行的选择。同理,针锋相对的补贴对策在与欧洲的航空争端中也不是一个可行的选择。波音公司一直是倾销补贴的坚定反对者[①],而且波音公司对政府的选择具有很大的影响力。此外,美国的单边贸易政策行动或对补贴的回应,似乎都不可能阻止欧洲实现其长期目标——打造一家具有竞争力的飞机制造商。

二战后以来,航空产业政策上的真正失误是产业政策不连贯,而不是贸易政策无效。鉴于战后大部分时期军用飞机产业和商用飞机产业之间都具有紧密的联系,前者以防务为导向的工业政策对后者产生了深远的影响,无论制造商愿意与否,其竞争地位和竞争条件都会受到影响。最重要的是,所有的美国商用飞机制造商都得到了隐性的保障——不管它们在商业上有何问题,它们的军事运作都是有保障的。20 世纪 70 年代,三家美国商用飞机制造商利用军方资助的新发动机技

---

① 波音公司对国内补贴的态度反映了它在与欧洲补贴战中的立场。美方将会在这场战争中处于劣势,麦道公司因其糟糕的财务表现,将会得到最大份额的国内补贴。

术，在上述保障下开始运用一系列极具风险的商业策略。即使波音公司在今天看来绝妙的策略，在当时也备受质疑。无论以今天还是当时的标准来看，洛克希德公司和麦道公司决定在一场正面竞争中推出本质上相同的飞机，便注定要遭受失败。在经典"囚徒困境"中，每家企业若采取合作态度，就都会有更好的结果；然而，在不合作的情况下，各自从自身利益的角度出发行事，则对它们及国家利益都会带来负面的后果。如果美国政府介入，阻止它们之间的破坏性竞争，美国工业就将在财政上更强大，不会留给空客公司太多"翩翩起舞"的市场空间。美国政府如果要发挥这样的协调作用，就必须了解飞机产业的商业战略意义及其市场动态。遗憾的是，美国政府乐意在军事领域中挑选输家和赢家，却没有意识到市场的重大影响力，不愿在关键时刻担任市场协调者。

美国飞机产业现在正处于另一个关键的历史转折点，讽刺的是，其根源在于早期的政策失败。当前，麦道公司正因商用市场份额减少以及军事业务大量削减而处于严重的经济困境，与很多美国观察员的观点相反，虽然空客公司分走了麦道公司最大的市场份额，但该公司的困境并不只是因为欧洲对空客公司进行补贴。麦道公司的问题可追溯至40年来的资金不足和技术相对停滞，这是麦道公司早先和洛克希德公司的竞争造成的。

最近，"白衣骑士"台翔航太公司的出现，有可能会挽救麦道公司的商业运营情况。由于台翔航太公司实质上是由中国台湾私人和台湾当局共同持股的合资公司，且公司成立之初曾拟投资购入麦道公司股份，开展国际合作，这笔交易能保障麦道公司的存活，但在美国引起了政策担忧。即使最终这一交易以失败告终，它也引出了一个重要问题：冷战结束后，美国的商用和军用飞机产业应该采取什么样的国家政策？美国如何应对麦道公司带来的挑战，将为其如何在冷战后从军事先行转向经济先行提供范例。

第6章
台翔航太公司和麦道公司：从战略视角看商用飞机产业

6.1 麦道公司的困境

1991年,美国最大的军火承包商麦道公司处于严重的经济困境,甚至其军事业务也因 A－12 隐形飞机项目下马等原因而岌岌可危。上半年,由于现金流出现严重问题,公司暂时推迟了国防部 13.5 亿美元的债务还款,并请求五角大楼预付 10 亿美元。美国国防部官员愁于如何拯救麦道公司的军用飞机生产,也有越来越多的分析人士预测,麦道公司将被迫退出商用飞机产业。如前所述,因麦道公司的MD－11 新机型遇到技术和成本问题,公司的市场份额正在被空客公司夺走。

为了在商用飞机产业保留一席之地,麦道公司同一些美国私有企业进行接洽,希望能作为股权伙伴来共同承担新机型 MD－12 的研制成本和风险。洛克希德公司也是参与洽谈的公司之一,但最终拒绝了麦道公司的请求。麦道公司想为 MD－12 寻找合作伙伴也在情理之中,其当时仅有两种型号,无法与已经发展出五种型号产品系列的波音公司和空客公司相竞争。除非研制出一款新飞机,使客户对其长期生存能力恢复信心,否则它将失去 MD－80 和 MD－11 的未来订单。麦道公司尽管需要转换一种生存模式,但却缺少足够的资金。

6.2 台翔航太公司和麦道公司的合作

由于在美国本土很难找到私有资金来源,麦道公司开始和新成立的台翔航太公司——一家致力于发展中国台湾航空业的公私合营企业进行商谈。1991年11月,双方宣布初步协定,台翔航太公司将出资20亿美元购买麦道商用飞机业务40%的股权[①]。其中,中国台湾当局作为股东至少需要出资29%。麦道公司可以使用这笔资金偿还27亿美元的债务,并开始研发MD-12。台翔航太公司作为麦道公司的股东,将参与MD-12、MD-80和MD-11的制造和销售。麦道公司还透露公司同时在和其他东亚投资者联系,出售商用飞机业务另外10%的股份,商用飞机业务外资持股比例将达到50%。

这项协议对麦道公司而言可谓天赐良机。为了能在商业市场站稳脚跟,麦道公司需要大量新资金的注入,但美国私人投资者不愿参与MD-12项目。与台翔航太公司的协议不仅能提供大量前期资金,还能提供额外资金以支持MD-12项目的启动。除此之外,麦道公司相信该协定有助于其进入东亚市场,东亚那些高技能水平且相对廉价的工程师和工人对麦道公司充满吸引力。

中国台湾方面,签署这项协定的动机同样显而易见。中国台湾当局当时已积累了约770亿美元的巨额外汇储备,他们支持航空产业并非关注其商业盈利能力,而是看重在技术、出口和技术就业发展方面的

---

① 直到1992年3月,中国台湾当局改变主意,考虑将购买的商用飞机业务股份减少至25%。

特殊经济利益①。

中国台湾也有所谓安全方面的考虑。中国台湾现在对商用飞机能力进行投资，可能在未来有助于提升其军用飞机能力。

谈判桌一头的中国台湾当局一直在积极考虑拟定协定，而另一头的美国政府却没有给予足够关注。美国政府的态度背后是这样一种假设：对麦道公司这类私有企业有利的，即对国家有利。虽然这种假设听起来"顺理成章"，但不适用于本案例。麦道公司不是一家普通的私有企业，它是美国最大的军事承包商，并掌握着一些敏感的军事技术。况且，与台翔航太公司的交易并不是普通的交易——它需要中国台湾当局的积极参与，否则交易就会失败。尽管该交易一旦敲定，将受到美国外国投资委员会（CFIUS）的审查，但迄今为止的记录表明，CFIUS将狭隘地只考虑国家安全，无条件批准该项交易。同时，尽管谈判桌另一边的中国台湾当局积极参与，但美国政府从未试图以商业理由影响协定条款。

许多美国评论家认为，这项交易不过是自20世纪70年代末以来的全球化趋势的延伸，受到1979年关贸总协定（GATT）《民用航空器贸易协议》的积极推动②。这一趋势的总体评价是积极的——全球化提高了生产效率，改善了市场准入与竞争情况③。

一些评论家担心，美国军事敏感技术会被转移给麦道公司的外国合作伙伴，但该公司答应采取措施阻止此类事情发生。其他人则担心，

---

① 根据本书描述的全球商用飞机产业的产能过剩，以及麦道公司财务和技术能力薄弱，中国台湾方面的决定如果只基于商业立场上便很难理解。再者，中国台湾当局已经表明扶持商用飞机产业的意图，并通过税收减免和低息贷款等手段予以支持。参照《中国航空航天产业研发项目》，中国台湾经济事务主管部门，1990年。

② David Mowery，"International Collaboration in the Commercial Aircraft Industry：Assessing the Taiwan Aerospace-McDonnell Douglas Agreement，"Testimony before the Joint Economic Committee，December 3，1991.

③ T. Moran and D. Mowery，"Aerospace and National Security，"pp. 29 - 34.

转移商用飞机技术和航空航天研制能力给中国台湾，将会制造出竞争对手——一个独立的东亚商用飞机制造商，并对美国航空产业产生威胁。但大多数分析师都认为，目前看来这一可能性不大。正如空客公司的发展历程所表明的，进入全球商用飞机市场主制造商队伍的阻碍巨大，对于缺乏本土技术和制造经验的后来者而言，不太可能迅速克服①。此外，该交易规定，合资企业分工中最复杂的系统集成部分由美国麦道公司负责，而其东亚合作伙伴主要以联合投资方和次级承包商的身份参与项目。

这项拟议交易令美国更为担忧的是，该交易可能对美国航空航天的次级承包商和供应商产生不利影响。如果交易成功，MD－12项目工作量的60％将在中国台湾完成。早前麦道公司和波音公司曾在欧洲、日本等地签署相关市场准入协定，在仍高度政治化的全球商用飞机市场中确保其产品的准入资格，这已经损害过美国次级承包商和供应商的利益。但即使麦道公司和台翔航太公司的交易损害了它们的利益，如果放任麦道公司在市场驱动下退出商用飞机制造业，它们将遭受更大的损失。当然，美国政府仍有可能干涉该交易，为美国供应商争取更好的条件。

事实上，美国政府肯定会积极参与谈判和监督交易，既因中国台湾当局会直接参与，也因麦道公司是美国的主要军事承包商。至少，美国政府和国会应该与麦道公司及其次级供应商的代表合作，争取更多的国内就业和承包机会②；美国政府也必须参与监管，以保证交易不会转

①　如果麦道公司的股权伙伴是日本，那么担忧将更加剧。因为日本对一些关键飞机部件，特别是航电系统，控制供应能力正逐渐加强。

②　有人可能会说，如果美国政府参与这项承包条款谈判，将鼓励其他国家在涉及美国公司的交易中采取同样的行动。但是其他国家已经这样做了，美国并没有采取行动阻止他们。真正的问题是，当其他国家的政府已经参与谈判时，美国是否应该在谈判中发挥更积极的作用，而不是完全不插手此事并阻止他国参与。

移军事敏感技术。根据以上目的，美国政府应制定一个交易内容框架，以便公众监督该交易的技术转让和承包安排情况。最后，美国必须与中国台湾就其与麦道公司交易中所允许的补贴数额和种类进行谈判。MD-12需要50亿～100亿美元的研发资金[1]，这笔资金从何而来？如果中国台湾私有企业提供全部资金，就将避免公共政策的问题，但这一情况不太可能发生。最有可能的资金来源是中国台湾当局，其或在非市场条件下提供大笔研发资金，但这将会违反 GATT 补贴条款、1979年《民用航空器贸易协议》条款、1985年经合组织有关出口资助的协议，以及1992年欧洲国家达成的双边补贴协定[2]。

违反上述任何一项，尤其是最后一项，将会引起美国和欧洲、亚洲之间的贸易、补贴战争，几方一损皆损，历经15年激烈谈判的成果将付之东流。此外，如果对中国台湾给予麦道公司的补贴不加限制，波音公司有可能会同时面临两方的夹击——一边是获得大量补贴的亚洲竞争者，另一边是仍然接受补贴的欧洲竞争者。为避免台翔航太公司与麦道公司之间的协定对现有补贴协议及波音公司构成威胁，美国要求中国台湾预先承诺遵守这些协议。因为中国台湾不受 GATT 约束或不是经合组织的成员，因而这种承诺至关重要。最终，由于台翔航太公司与麦道公司合资企业的50%为美国所拥有，因此即使中国台湾承诺遵

---

① 麦道公司报告估计 MD-12 的总投资成本在40亿～54亿美元。波音公司认为实际会远远高于该数字，包括前期投资成本和生产初期累积的负现金流在内，MD-12 的总投资成本达70亿～100亿美元。此外，波音公司认为这一假设是基于麦道公司已经是市场成功者，所以预估还是偏少。麦道公司正考虑制造全新的飞机，实际的总投资成本也许与波音公司估计的接近。波音公司副总裁拉里·克拉克森（Larry Clarkson）在联合经济委员会会议上的发言，1992年2月27日。

② 尽管麦道公司一再表明没有接受任何补贴，但证据表明并非如此。如前所述，MD-12 的研发需要大量的启动资金，在市场供大于求以及欧洲对空客公司持续补贴的情况下，美国私人投资者不会提供这笔资金。此外，台翔航太公司预计中国台湾当局将提供补贴。例如，1991年12月，台翔航太公司 CEO 表示，中国台湾当局将"持续投资台翔航太公司，直至其盈利。"《远东经济评论》，1992年2月13日。

照 CATT 条款办事，波音公司也不能对该合资企业提出申诉。因此，对中国台湾补贴施加条件的唯一可靠方法，是从一开始就将其纳入协定内容进行谈判。

美国政府在技术转让、承包和允许补贴等问题上的积极参与，本就可能使这项交易偏离轨道或在早期夭折。特别是如果用于 MD-12 的额外启动资金不能从私有来源筹集，而是需要政府补贴，就将违反多边协议或与欧洲的双边补贴协定。但是这个最少干预的一揽子政策回避了一个更大的问题，即美国政府是否应出手干预，阻止该协定以当前的形式达成一致。这个问题的答案反过来取决于如何回答一个更基本的问题：对 MD-12 的补贴是否符合国家利益？

正如早期飞机竞争历史所表明的，回答这个问题需要平衡客户和制造商之间的利益，以及静态和动态的效率。一方面，新机型的进入将会引起市场商品价格下降，特别是在全球市场运力过剩的情况下，航空公司及乘客将由此获益。此外，一款新飞机也许会凭借其设计给客户提供更多的产品选择、更强的产品能力。另一方面，更激烈的竞争可能会降低各制造商的经济规模，提高行业成本。更高的成本加更低的价格，很可能会分散产业资金，使所有制造商陷入更糟的境况。波音公司作为唯一一家"没有补贴"的制造商，可能会受到最沉重的打击，利润的减少反过来会削弱波音公司未来 10 年应对享有补贴的 A350 的能力。简而言之，MD-12 的进入很可能降低美国制造商对空客公司的长期竞争力。

这种影响，如同新产品对客户与制造商产生的其他影响一样，取决于产品自身的性质。如果产品在新技术或差异化方面的贡献乏善可陈，就有可能只是简单地消耗资金，在可持续和先发优势这一方面对其启动者贡献极少，同时会损害行业其他制造商的利益。该产业的历史，特别是麦道公司和洛克希德公司之间相互竞争导致两败俱伤的例子，便揭示了过度和重复竞争的危害。

综合考量之下，MD-12获得补贴进入市场对美国经济福利将有何影响？首先产品自身设计非常重要。在与台翔航太公司的初次商议中，麦道公司建议推出一款375座的三发MD-12，这是基于MD-11的加长型，而MD-11本身又是DC-10的衍生型。通过改装新式机翼和更换更大的发动机，MD-12的航程约为8 000海里①。

按计划，MD-12将进入一个由波音747和4款新型宽体飞机MD-11、波音777、A330和A340所包围的细分市场。MD-12基于波音747的设计和技术，横向上该产品的大小和航程、纵向上燃油效率和人员配备等性能标准都与波音747没有差别。MD-12产品战略反映的不是最有前景的市场需求，而是麦道公司的短期心态，这是其当前现金流问题所造成的。如果不受融资困难的限制，最佳产品规划应是一种全新的600座以上、超大型远程喷气式飞机，这是空客公司所设想的A350机型。在客运量增长将迅速超过新机场建设和现有机场设施建设的情况下，这种模式将满足航空公司的长期需求。

没有明显竞争优势的MD-12进入市场将会抢夺本属于波音747的利润，却不能为航空公司和消费者提供更多产品选择或先进技术。一位麦道公司的高管在3月16日的《航空周刊与太空技术》中承认，MD-12机型将不能"为客户提供别处不能提供的东西"②。麦道公司对三发MD-12机型的既定目标是获取波音公司在高运力远程市场上的利润③。虽然空客公司是麦道公司的主要竞争对手，但MD-12实际上动摇的

---

① "Douglas Increases MD-12 Win Area, Engine Size to Enhance Performance," *Aviation Week and Space Technology*, November 4, 1991, p. 33.

② Bruce A. Smith, "Four Engines, Double Decks Mark All New MD-12 Design," *Aviation Week and Space Technology*, March 16, 1992, pp. 14 - 15.

③ 约翰·沃尔夫在1992年2月27日联合经济委员会会议上提交的书面证词，第6-7页。

是波音公司市场主导地位的利润基础,而空客公司则是主要受益方。

作为一款无差异的产品,MD-12会增加飞机产业的生产成本,降低生产效率,两种因素将导致MD-12成为一款昂贵的飞机。第一,参与生产的许多人几乎或根本没有生产商用飞机的经验,学习经济将不复存在。无论MD-12最终设计如何,这个问题始终存在。第二,作为二次衍生机型,MD-12飞机不会有很长的产品寿命周期。在下个20年后期,它也许会被超大型客机取代。如果缺少长期的生产运营,MD-12的成本将始终很高。因此,虽然由于MD-12的竞争,波音公司的利润会下降,但由于MD-12的高成本和短生命周期,麦道公司的利润增长也不太可能实现。美国飞机产业的整体利润会减少,而不是简单的使一家制造商的利润转移到另外一家。最终,MD-12不太可能解决麦道公司的长期盈利问题。乐观而言,它仍将是该行业的第三大生产商,悲观而言,麦道公司只是在苟延残喘。无论哪种情况,都会对波音公司造成损害。

由于波音747的生产成本比MD-12低很多,麦道公司在任何市场上增加市场份额都会增加平均行业生产成本、降低行业平均生产效率,因此MD-12的加入很可能会降低美国航空产业的整体利润。从产业的角度来看,麦道公司和台翔航太公司合作研制这款产品似乎是一场必输无疑的游戏。

也许是意识到了上述MD-12飞机产品策略的缺陷,麦道公司开始考虑设计一款全新四发、双舱布局的超大型客机,作为MD-12的替代方案[①]。目前,航空公司和发动机供应商对这项新的提议反应较好。在国家经济的影响方面,这项新的提议也可能表现更佳。与三发喷气式飞机的设计不同,超大型客机的设计需要真正的产品创新,为客户提供更多的选择并改进技术。此外,超大型MD-12可能会在未来市场

---

① Bruce A. Smith, "Four Engines, Double Decks Mark All New MD-12 Design," *Aviation Week and Space Technology*, March 16, 1992.

中使美国航空产业相较空客公司更有先发优势。目前，作为在波音747市场赚取利润的老资格制造商，波音公司不愿首先进入这个新市场。而希望利用先发优势的空客公司正在等待更有利的需求条件。同时，麦道公司必须引进新的模式来维持其商用业务，即使需求状况并不乐观。在这种情况下，麦道公司最好在超大型飞机市场上抢占先机优势，而不是在波音747市场上与波音公司发起一场消耗战，去推出一款衍生型三发喷气式飞机。

尽管在可能给国家带来经济效益方面，超大型客机MD-12比三发MD-12更可取，但它仍有一个主要的缺点：这可能会导致波音公司、空客公司和麦道公司过早并过度地进入超大型飞机市场。全球飞机市场目前正面临运力过剩的问题，这种情况在可预见的未来可能仍会持续下去。如果所有的主制造商都试图在这种情况下推出新飞机，飞机价格很可能将继续走低，利润下降，政府补贴的压力将增加，美国、欧洲和亚洲飞机产业之间的摩擦将加剧。简而言之，为争夺超大型客机市场而进行的三方补贴竞争，很可能演变为过度的、重复的竞争，损害制造商的利益，并造成制造国之间的贸易冲突。在这场竞争中，波音公司将面临两位拥有补贴的竞争对手，而美国政府在与欧洲初步协商一致的条件下，很有可能对波音公司推出抵消性补贴减免政策。

在上述分析中，对于麦道公司和台翔航太公司提出的协议，美国的"最高纲领"政策对策是什么？首先，美国应该阻止MD-12三发喷气式飞机的交易。其次，尽管推出一款超大型客机或许更可取，但这也有相当大的下行风险——高成本重复竞争、不断加剧的贸易摩擦，以及可能的贸易或补贴战争。为了避免这些风险，美国政府应该支持和指导麦道公司对商用和军用业务提出前瞻性的、基于本土的合理化计划，这样的计划将避免麦道公司退出商用航空业务。而在缺少国内或国外政府干预的情况下，麦道公司退出商用航空领域看起来不可避免。最后，麦道公司的合理化计划应是支持国家其他军用飞机运营转化和合理化的大计划中的一部分。美国飞机制造商及其供应商应该参与这些计划的制订。它们的目的应是减少调整成本，加速后冷战时期环境主导的不可避免的转化进程。它们应该保证美国航空产业有足够的财力和技术能力，在未来10年有能力应对A350带来的挑战。归根结底，美国对欧洲在对飞机产业采取的行动上最有效的管束就是，美国可靠地承诺可以具备与其旗鼓相当的能力。

解决麦道公司当前困难的公私合作解决方案不会偏离美国过去在飞机领域的政策。我们只需回想一下政府早些时候推动麦克唐纳公司和道格拉斯公司合并，并通过临时贷款担保来拖延洛克希德公司退出市场的步伐的情形。这样的解决方案也不需要把中国台湾或其他感兴趣的东亚地区排除在外。美国产业立足并且获益于与东亚市场更加紧密的联系，以及与东亚供应商通过转包关系获得的成本和生产效率。相应地，中国台湾和其他一些东亚的地区因为上述原因，非常有兴趣发展本土航空能力，而且它们不仅有意愿也有必要的资金。

相较欧洲，美国在与这些国家/地区形成伙伴关系的时候具有强大的优势，因为美国与其之间有更强大的贸易关系和地缘政治联系。中国台湾地区和韩国一样，很清楚自己十分依赖美国提供的"保护伞"。因此，美国仍然在这些国家/地区发挥着巨大的影响力，这种影响力可以用来促进航空航天产业的合作协议，使各方受益。麦道公司与台翔航太公司交易的问题在于条款，而不是包括中国台湾当局在内的中国台湾投资者的积极参与。一个好的协定，应包括启动重大技术突破的飞机项目所需要的技术转让、分包、补贴和资金等预先条件，这样的协定才可能对所有参与者都有利。

美国航空产业的合理化计划还应该认真考虑关键部件技术（如先进的航电系统）对外国供应商的战略依赖问题。

外国对关键部件或技术供应的控制，将是该行业的一个非常有力的杠杆来源，因为该行业依赖于将大量复杂的零部件整合并组装成最终产品。此外，由于这些组件经常广泛用于防务和民用领域，供应限制可能会带来广泛的军事、政治和经济风险①。

——莫兰、莫厄里

美国甚至缺乏必要的资料来评估是否应该认真对待关键航空部件供应限制所带来的威胁。对美国国内飞机产业来说，至少应该要求对某些零部件的供应进行定期监控，制订合理的产业计划，鼓励在必要的情况下寻找更多的国内供应替代来源。

可悲的是，美国几乎不会采纳以上建议。在一些公开辩论中，几乎没有人提出关于麦道公司和台翔航太公司的交易可能产生不利影响的战略问题。这反映出，对于这个可以说是美国最具战略意义的产业，美国政治层可悲地缺乏战略眼光。在意识形态上，政策制定者仍然坚持市场力量决定竞争成败的幻想——尽管粗略地梳理美国经济史后就已经可以看出，防务导向型产业政策是商用飞机产业成功背后的主要因素。

随着美国缩减其防务开支，政策制定者们必须摒弃他们的意识形态盲点，将国家"后门"产业政策转变为面向商业的高技术产业经济战略。显而易见，出于军事和经济原因，飞机产业是首先要进行意识形态转变的领域。

---

① T. Moran and D. Mowery, "Aerospace and National Security," pp. 49 - 50。尽管美国政府意识到美国飞机产业如今面临重大挑战，但美方只给出了微弱的总体回应，例如减少资本所得税、开展资助基础通用性研究、支持乌拉圭回合（1986 年，在乌拉圭的埃斯特角城举行了关贸总协定部长级会议，决定进行一场旨在全面改革多贸易体制的新一轮谈判）的成功谈判以及为 ITA 支持的贸易代表团和航展提供帮助。这一揽子计划是商务部副部长迈克尔·法伦在 1992 年 2 月 27 日的联合经济委员会会议上提出的。

参考文献

Boeing Commercial Airplane Company, 1982. *International Competition in the Production and Marketing of Commercial Aircraft*, Seattle: Boeing Commercial Airplane Company.

Carrol, S. L. 1975. "The Market for Commercial Aircraft. " In R. E. Caves and M. J. Roberts, eds. , *Regulating the Market*, 145 – 169. Cambridge, MA: Ballinger.

Constant, E. W. 1980. *The Origins of the Turbojet Revolution*. Baltimore: Johns Hopkins University Press.

Dickens, William T. 1992. "Good Jobs: Increasing Worker Productivity with Trade and Industrial Policy. " Berkeley: Department of Economics, University of California, Berkeley (mimeographed, 11 March).

Heyward, Keith. 1989. *The British Aircraft Industry*. New York: St. Martin's Press.

Katz, Lawrence F. , and Lawrence H. Summers. 1989. "Industry Rents: Evidence and Implications. " *Brookings Papers on Economic Activity: Microeconomics*, 209 – 275.

Majumdar, Badiul A. 1987. "Upstart or Flying Start? The Rise of Airbus Industrie. " *The World Economy* 10, no. 4 (December): 514.

McDonald, John. 1953. "Jet Airliners: Year of Decision. " *Fortune* (April): 125, 248.

Milner, Henry, and David B. Yoffie. 1989. "Between Free Trade and

Protectionism: Strategic Trade Policy and a Theory of Corporate Trade Demands." *International Organization* 43, no. 2 (Spring): 239 – 272.

Moran, Theodore H., and David C. Mowery. 1991. "Aerospace and National Security in an Era of Globalization." *ccc Working Papers* 91 – 92. Berkeley: Center for Research and Management, University of California, Berkeley.

Mowery, David C. 1987. *Alliance Politics and Economics: Multinational Joint Ventures in Commercial Aircraft*. Cambridge, MA: Ballinger.

Mowery, David, and Nathan Rosenberg. 1982. "The Commercial Aircraft Industry." In Richard Nelson, ed., *Government and Technical Progress: A Cross Industry Analysis*, 101 – 161, New York. Pergamon Press.

Newhouse, John. 1982. *The Sporty Game*. New York: Knopf.

Office of Technology Assessment. 1991a. *Competing Economies: America, Europe, and the Pacific Rim*. Washington: Government Printing Office (October).

Office of Technology Assessment. 1991b. *Government Support of the Large Commercial Aircraft Industries of Japan, Europe, and the United States*, vol. II. Washington: Office of Technology Assessment (22 May).

Philips, Almarin. 1971. *Technology and Market Structure: A Study of the Aircraft Industry*, Lexington, MA: Heath Lexington Books.

Piper, W. Stephen. 1980. "Unique Sectoral Agreement Establishes Free Trade Framework." *Journal of World Trade Law* 12, no. 1 (January): 221 – 253.

Rae, John B. 1968. *Climb to Greatness: The American Aircraft Industry, 1920 – 1960*. Cambridge, MA: MIT Press.

Todd, Daniel, and Jamie Simpson. 1986. *The World Aircraft Industry*. Dover, MA: Auburn House.

Yoffie, David B. 1985. *International Trade and Competition: Cases and Notes in Strategy and Management*. New York: McGraw-Hill.

Yoffie, David B., ed. 1990. *International Trade and Competition: Cases and Notes in Strategy and Management*. New York: McGraw-Hill.